Als

Sterk

Zijn

De

Enige

Optie

is

Als sterk zijn de enige optie is

MichelleJoke

Uitgever

Mijnbestseller.nl

Auteur

MichelleJoke

Omslag ontwerp en vormgeving

MichelleJoke

ISBN:

14 mei 2003

Iets eerder dan verwacht mochten wij eindelijk kennis maken met jou.

Je kwam ter wereld door een geplande keizersnede je lag namelijk in stuit,

Toen je nog in mijn buik zat was je al eigenwijs, ze hebben jou geprobeerd te draaien maar je draaide terug.

Ik kon kiezen of ik een natuurlijke bevalling wilde of een keizersnede.

Een natuurlijke bevalling daar zaten risico's aan verbonden dus besloot ik voor de keizersnede te kiezen.

Op 14 mei om 13;13 maakte jij mij voor het eerst mama

Je was een rustige baby, je huilde weinig en ik kon jou gewoon in de kamer laten zitten en mijn eigen ding doen je bleef tenslotte toch overal wel vanaf.

Of je een lachebekje was? Haha ja dat zeker, vooral naar mij lachte je veel.

Je wou al vrij snel al het eten proeven, je at echt alles er was niks wat je niet lustte of niet lekker vond

als ik me even niet goed voelde? Dan hoefde ik jou lach maar 1 keer te zien en maakte jij mijn dag meteen een stuk beter. Jouw mooie oprechte lach naar mij liet mij zien en voelen wat liefde op het eerste gezicht nou eigenlijk inhield. Liefs Mama

Juist! Dit ben ik, Michelle.

Geboren en getogen in Friesland en inmiddels ben ik 19 jaar. Ik draag dagelijks een rugzak met mij mee, de ene dag voelt deze rugzak zwaarder dan de andere dag.

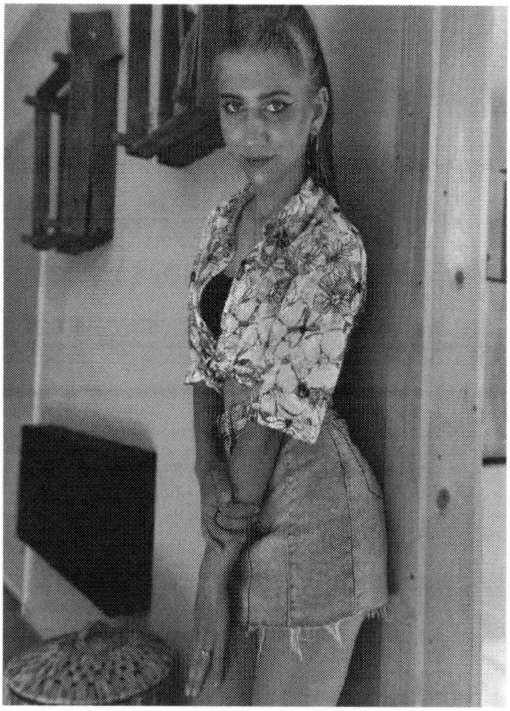

Zoals mijn moeder al schreef was ik vroeger veel aan het lachen maar helaas is dit nu niet meer elke dag zo. Dat er zoveel kan gebeuren in 19 jaar tijd blijft me altijd weer opnieuw verbazen. Maar soms denk ik ook, Wow Michelle hoe heb je dit volgehouden.

De afgelopen jaren heb ik gemerkt hoeveel mensen ook diep in de put zitten of hebben gezeten. Na lang nadenken ben ik er nu klaar voor om mijn verhaal met jullie te gaan delen. Ik heb de afgelopen jaren gemerkt hoe onvoorspelbaar het leven kan zijn maar door wat ik heb meegemaakt weet ik nu wel precies wat ik graag wil worden. Jongerencoach, andere jongeren helpen die in dezelfde diepe put zitten waar ik ook in zat en zelfs soms nog in zit.

Ik was 1 jaar toen mama erachter kwam dat ze weer zwanger was. Ik werd grote zus!

Mama wou niet weten wat het werd maar jammer genoeg versprak de verloskundige zich. Ik werd grote zus van een broertje. Ik was natuurlijk nog erg klein dus heel veel weet ik er niet meer van. Op 17 februari 2005 werd mijn broertje geboren, Christiaan met als roepnaam Chris. Net als ik was Chris ook een makkelijke baby. Hoe ik het vond? Ik vond het prachtig om grote zus te zijn. Het liefst zat ik de hele dag met Chris op schoot.

In 2005 werd er bij mij epilepsie gediagnosticeerd. Hier moest ik 2 jaar medicatie voor slikken en dan zouden ze verder kijken. Als kers op de taart kreeg Chris in 2007 ook epilepsie en moest dus ook Chris hier 2 jaar medicatie voor slikken. Bij kinderen starten ze altijd voor 2 jaar medicatie en dan gaan ze na 2 jaar kijken of je aanvalsvrij bent. Als dit het geval is wordt de medicatie afgebouwd en gestopt. Gelukkig waren in 2010 Chris en ik allebei epilepsie vrij. Chris was 2 toen hij naar de peuterspeelzaal ging, de peuterspeelzaal gaf aan dat Chris een redelijk druk kind was. Maar goed hij was 2 en hij kon net praten dus maakte mama zich niet zo druk. Toen

Chris op de peuterspeelzaal zat, zat ik in groep 1. Ik was echt het tegenovergestelde van Chris. Ik was een heel verlegen meisje en was altijd erg stil in de klas. Gelukkig mocht ik wel naar groep 2. In groep 2 werd ik gediagnosticeerd met adhd, thuis was ik namelijk wel veel aanwezig en ook best wel druk.

Halverwege het jaar was er veel overleg tussen mijn ouders en school, na veel overleg werd er besloten dat ik aan het einde van groep 2 naar speciaal onderwijs zou gaan. Ik zelf vond dit natuurlijk minder leuk, misschien vond ik een nieuwe school wel een beetje eng. Maar heel gelukkig was ik ook niet op deze school. Het was beter voor mij. Chris en ik waren echt 4 handen op 1 buik, we deden alles samen maar dan ook echt alles dus het was best jammer dat ik na de zomer naar een andere school moest. Na de zomer begon ik op een nieuwe school, speciaal onderwijs. Ik was een erg verlegen meisje dus spannend vond ik deze nieuwe start wel. Ik startte in groep 3 op deze nieuwe school. Ik bloeide helemaal op op deze school.

Ik zat een maand op deze school toen ik een uitnodiging kreeg voor een kinderfeestje. Na school vroeg ik aan mijn moeder 'mama wat is dit?' ik was namelijk nog nooit uitgenodigd voor een kinderfeestje. Ik zat helemaal op mijn plek op deze school, ik had veel vriendjes en vriendinnetjes, deed goed mijn best en ging elke dag met plezier naar school.

Vanaf Chris zijn 5e levensjaar kreeg ook hij de diagnose adhd. Wat niet zo gek was want Chris was een erg aanwezig jongetje. Toen Chris 6 jaar was ging hij naar groep 3. Chris zat 1 week in groep 3 toen hij naar een andere school moest, ook Chris moest naar speciaal onderwijs. Chris had het natuurlijk al helemaal in zijn hoofd, nu kon hij mooi bij mij op school.

Helaas vond mama dit niet zo'n goed idee. Chris kwam terecht op een school waar ze gespecialiseerd waren in kinderen zoals Chris. Ook zou deze school extra begeleiding bieden en vooral 1 op 1 begeleiding. Helaas kon deze school niet met Chris om gaan en belde ze continue mijn moeder als Chris moeilijk was. Chris ging van school af en kwam terecht op een zorgboerderij. Hier zit Chris nog steeds en hij is hier helemaal op zijn plek. Chris werd later ok gediagnostiseerd met autisme. Chris was niet een makkelijk kind dus de meeste aandacht ging meestal naar Chris. Hij was een zorgenkind dus dit was helaas nodig. Hierdoor heb ik me heel veel alleen gevoeld. Ik had het gevoel alsof ik helemaal niet bestond maar dat was natuurlijk wel zo. Mijn ouders hadden het gewoon onwijs druk met Chris helaas. Hierdoor heb ik veel dingen in mijn jeugd gemist. Als we bijvoorbeeld naar een pretpark gingen draaide het vaak om Chris. Als Chris niet in de achtbaan wilde waar ik wel in wilde werd hij boos. Als we naar het bos gingen waar ik onwijs veel van hou werd hij boos. We waren op vakantie, we liepen door een bos. Chris begon na 5 minuten al te zeuren dat hij naar huis wilde. Na een half uur ontplofte Chris. Hij begon te schelden, te schreeuwen en tegen dingen aan te schoppen. Uit eindelijk liep het zo uit de hand dat hij mijn moeder wilde slaan, ik sprong ervoor en zo sloeg hij mij neer. Met mijn hoofd in de modder lag ik daar. Een bloedende neus en ik stond te trillen op mijn benen.

Ik wilde naar huis dus we gingen ook naar huis. We vroegen een doekje bij het restaurant aan het begin van het bos en zo gingen we weer terug naar ons vakantiepark. Ik sloot mezelf op, op de slaapkamer. Ik was verdrietig en boos. Ik wilde met niemand praten op dat moment, de hele vakantie was voor mij verpest.
Uit eindelijk kwam mijn moeder naar mij toe. Ze troostte me en ik gaf aan dat ik graag nog eventjes alleen wilde zijn. Ik had last van mijn neus nog steeds maar ik probeerde toch nog een gezellige avond te maken met het gezin. Ik wist natuurlijk niet hoe het in mijn broertje zijn hoofd werkte of eraan toe ging.

Na school gingen we vaak naar mijn overgroot oma.
En standaard stond er een schaaltje op tafel. Een schaaltje waar altijd snoepjes in zaten, van die zwart witjes haha! Oma werd altijd erg blij als wij langskwamen je zag dat het haar echt een boost gaf. In 2013 overleed oma aan de gevolgen van ouderdom, destijds was ik 9 jaar.
Heel gek maar ik kan me helemaal niks meer herinneren van de uitvaart. Ik heb nog wel veel mooie herinneringen aan mijn oma en daarom wil ik jullie deze ''quote'' graag meegeven.

Herinneringen zul je namelijk nooit kwijtraken, je draagt ze altijd bij je. En ja het is erg gek als een persoon ineens een herinnering wordt maar helaas hoort dat nou eenmaal bij het leven. Hoe oneerlijk dat ook is.

Groep 8, ik was op dit moment 11. Ik had er enorm veel zin in, ik kwam in een superleuke en gezellige klas terecht. Ik had veel vriendinnen, we zaten met alle meiden in 1 groepje. In groep 8 kregen we tablets in de klas. Met het programma snappet. Ik was een meisje die vaak op onderzoek uitging. Deze tablets waren beveiligd zodat we niet op internet konden. Maar zoals ik al zei ik ging vaak op onderzoek uit. Ik ging uitzoeken hoe ik deze tablets toch op internet kreeg, na 2 dagen had ik het programma omzeild, haha! Mijn broertje had op zijn school ook deze tablets gekregen. Natuurlijk had ik hem verteld wat ik uitgevonden had, natuurlijk wilde hij ook graag leren hoe dat moest. Zogezegd zo gedaan ik ging het hem leren. Ik had tegen Chris gezegd dat hij het wel geheim moest houden en het dus verder aan niemand mocht vertellen. 1 dag later zat ik op school, ik weet het nog als de dag van gisteren ik had op dat moment spelling. De directeur kwam onze klas binnen en hij kwam voor mij. Waarom voor mij? Dacht ik direct. Ik begon gelijk allemaal dingen te bedenken, was er iets met mijn moeder misschien? Ik liep met de directeur mee en hij vertelde dat ze gebeld waren door de school van mijn broertje. Ik vroeg waarom, ik kreeg als antwoord 'ik denk dat jij dat vast wel weet' ik keek hem nogmaals verbaasd aan want ik had oprecht geen idee waar hij het over had.

Totdat hij zei ’je broertje zat YouTube te kijken in de les, weet jij hoe dit komt Michelle?’ Ik wist natuurlijk meteen waar hij het over had. Chris had waarschijnlijk verteld dat hij dit van mij geleerd had. Ik deed alsof ik van niks wist en gelukkig geloofde hij dat!

2015, het was halverwege het jaar. Het ging super goed in groep 8 en ik had het nog steeds erg naar mijn zin. Een vriendin uit mijn klas vroeg of ik zin had om na school met haar de stad in te gaan. We spraken wel vaker af dus natuurlijk had ik hier zin in. Na school was het eindelijk tijd om naar de stad te gaan. We gingen eerst langs haar huis zodat zij even haar pinpas kon pakken. We gingen nog even een bakje theedrinken met haar vader en daarna gingen we onderweg naar de stad. Eenmaal aangekomen in de stad besloten we eerst even wat te eten bij de McDonald's, zoals altijd nam ik kipnuggets en een milkshake, een milkshake aardbei. We waren uitgegeten, gooide onze troep weg en besloten om te gaan shoppen. Ik gaf zoals altijd weer te veel geld uit aan kleding maar goed ik vond dat ik nog niet genoeg kleren had haha!

Het was 5 uur en we gingen onderweg naar huis, we fietste langs een parkeergarage. We zagen 2 jongens die op de fiets de parkeergarage in gingen, dit vonden wij natuurlijk heel erg grappig. Toen deze jongens uit de parkeergarage kwamen hadden we nog een kort gesprek met deze jongens maar toen zeiden deze jongens dat ze nu wel echt weg moesten anders kwamen ze te laat thuis. Mijn vriendin en ik vonden het zo grappig dat ze gingen fietsen in de parkeergarage. Mijn vriendin zei tegen mij 'kom we gaan ook door de parkeergarage fietsen' ik vond dit natuurlijk een top idee dus natuurlijk ging ik met haar mee. En zo gingen wij op de fiets door de parkeergarage. We gingen een race houden, wie het eerste 10 rondjes door de parkeergarage had gefietst won.

Ik stond voor en ik moest nog 1 rondje, en Ja hoor! Ik had gewonnen! In de parkeergarage zat ook een lift, met de fiets in een lift klinkt als muziek in je oren toch? We gingen met de fiets in de lift of nou ja, We konden niet tegelijk in de lift want dat paste niet. Dus ik zei tegen mijn vriendin 'ga jij maar eerst dan ga ik daarna wel'. En zo ging zij als eerste in de lift, de deuren van de lift waren net dicht toen ik ineens een man hoorde schreeuwen, ik draaide me om en besefte dat hij naar mij aan het schreeuwen was, ik drukte snel de knop van de lift in. De man liep richting mij. Toen hij eenmaal tegenover mij stond vroeg ik aan hem wat er aan de hand was? 'Wie denk jij wel niet dat je bent' waarop ik antwoorde 'hoe bedoelt u?' deze meneer was erg boos en bleef maar schreeuwen in mijn gezicht. De lift was er en ik ging erin met mijn fiets, althans dat was mijn intentie. De meneer kwam steeds dichterbij mij en pakte mijn

bagagedrager vast, ik vroeg hem vriendelijk of hij mijn fiets wou loslaten zodat ik naar huis kon gaan. 'Haha nee ik hou je fiets lekker vast meissie' was het antwoord wat ik kreeg. Na 5 minuten liet hij mijn fiets los, ik ging in de lift en op het moment dat de deuren van de lift bijna dicht waren kwam deze meneer in de lift. Ik was bang, heel erg bang. Hij zette de lift stil en ik wou de lift weer aanzetten maar hij duwde mijn hand weg waarop ik zei 'meneer ik wil graag naar boven ik moet naar huis toe'
het antwoord wat hij mij daarop gaf weet ik nog onwijs goed. 'Wie zegt dat jij ooit nog boven komt?' Een antwoord wat ik nooit meer zal vergeten. Ik voelde paniek, heel veel paniek. Ik wou iemand bellen maar dit kon niet, ik had namelijk geen bereik in de lift. Hij pakte zijn telefoon en zei ineens 'He! Het is al half 7, shit ik heb een vergadering.' Hij drukte de lift weer aan en eenmaal boven aangekomen nog helemaal in shock verliet ik de lift. Mijn vriendin vroeg wie die man was en waarom ik zo lang duurde, ik begon te huilen en vertelde haar wat hij had gedaan en gezegd. Ze stapte van haar fiets af. 'Wat ga je doen?' vroeg ik. 'Ik ga erheen natuurlijk dit kan echt niet Michelle!' ik wou natuurlijk niet dat ze erheen ging, ze zou het dan alleen maar erger maken. 'Laat het gewoon we gaan naar huis, we zijn al te laat.' Zei ik tegen haar en zo gingen we onderweg naar huis. Ik belde onderweg mijn moeder aangezien ik 4

gemiste oproepen had. Mijn moeder klonk niet heel blij maar ik zei dat ik het haar allemaal thuis ging uitleggen. Ik kwam thuis en de rest van het gezin hadden al avond gegeten. Natuurlijk hadden ze wat eten voor mij bewaard. Ik vertelde mijn moeder alles wat er was gebeurd en ik gaf ook eerlijk toe dat het best dom was dat we door een parkeergarage gingen fietsen. Mijn moeder vond het niet kunnen wat deze man had gedaan en wou er heen gaan. 'Laat het maar mama, anders komt er straks alleen maar meer gezeur' dus mijn moeder is er uiteindelijk ook niet meer heen gegaan. Het was namelijk ook gewoon een domme actie om te gaan fietsen door de parkeergarage dus misschien was het wel een beetje mijn eigen schuld. Vanaf die dag heb ik een angst voor parkeergarages. Ik krijg altijd meteen weer een raar onderbuikgevoel zodra ik in een parkeergarage ben. Het is ondertussen al zo'n 8 jaar geleden maar de angst is er nog steeds.

Vandaag was het tijd voor mijn adviesgesprek. Ik was best wel zenuwachtig dit zou natuurlijk bepalen naar welke school ik allemaal zou kunnen gaan. Toen het eindelijk zo ver was praatte mijn leraar in allemaal moeilijke woorden. Ik begreep de helft van wat hij zei niet. Mijn leraar zei dat ik 2 opties had. 1: Ik kon nog een keer groep 8 over doen omdat hij wist dat er meer in mij zat dan ik had laten zien. 2: ik ging na de zomer starten op praktijkonderwijs. Voor mij was de keuze snel gemaakt, nog een keertje op school kamp! Ik ging groep 8 over doen. Ik vond het best spannend ik kreeg natuurlijk nu een hele nieuwe klas en terwijl de rest van mijn klas de school ging verlaten bleef ik als enige een jaartje extra. Ik kan nu heel uitgebreid het laatste (extra) jaar van groep 8 vertellen maar zo spannend was dat jaar niet. Kort samengevat. Ik ging nog een keer op school kamp, ik deed onwijs mijn best, vond de gymleraar echt een lekkerding, mijn tante Renate ging trouwen, ik liep op krukken, deed mee aan school voetbal en zo kan ik nog wel uren doorgaan.

Het einde van het school jaar naderde we hadden weer adviesgesprekken. Het advies wat ik kreeg was vmbo-kader. Omdat ik van speciaal onderwijs weer naar het normale onderwijs ging was hun advies om te starten op vmbo-basis om eigenlijk weer een soort van te ''wennen'' aan het normale onderwijs. Vanaf daar kon ik dan opstromen naar kader. Een super positief adviesgesprek dus! Een week na het adviesgesprek ging ik samen met mijn moeder kijken op een middelbare school en ik wist het meteen. Deze school wil ik heen!

De laatste school dag.

In de zomervakantie.

Vandaag heb ik mijn eerste
school dag op de middelbare
gehad ik had er echt heel veel
zin in
ik heb een superleuke klas en
de docenten zijn ook erg
aardig ik doe de sportklas echt
zo leuk dan krijg je meer sport
dus meer gym haha ik heb nu
al zin in morgen misschien
word dat nog wel leuker dan
vandaag nou nu moet ik
slapen doei

(2016) Een stukje tekst uit mijn dagboek

De middelbare school. Ik had er onwijs veel zin in. Nieuwe vrienden, nieuwe kansen en vooral een nieuwe uitdaging. De eerste week was erg leuk, iedereen was respectvol naar elkaar en de klas was een erg gezellige, leuke klas. Ik kon het goed vinden met de meiden uit mijn klas, nou ja eigenlijk met iedereen. Althans dat dacht ik.

Het begon al in de 2^e week van de middelbare school. Ik werd lelijk genoemd. Maar goed ik dacht misschien is dat gewoon een grapje dus ik lachte gewoon mee. Ik merkte dat ik steeds meer werd buitengesloten. En vanaf dat moment wist ik, dit is geen plagen meer maar pesten.

Ik werd dagelijks uitgescholden. Wat ik vooral vaak kreeg te horen was 'je bent wel echt dun net als een soepstengel' ik was 12, best wel dun, klein en nog steeds best een verlegen meisje. Ik wilde me graag focussen op school en mijn best doen zodat ik kon gaan opstromen naar kader. Ik negeerde de Pesters, ze zouden vanzelf wel ophouden, zolang ik het negeerde was de lol er vast snel af voor hun. We hadden koken. Dit moest in tweetallen, iedereen had een tweetal maar ik bleef over. Ik moest uiteindelijk met 1 van de Pesters samen koken. Ik had hier absoluut geen zin in maar helaas had ik geen keus.

Ik weet het nog zo goed, we moesten groentesoep maken. Dit meisje de Pester dus, gaf mij allemaal taken. Ik moest van haar de groente snijden, dit vond ik wel prima dus dit deed ik, ‘zet jij dan even het water op’ zei ik tegen haar. ‘Nee doe dat zelf maar even’ was haar antwoord. Ze deed dus helemaal niks en liet mij alles doen. Eigenlijk wilde ik er gewoon op in gaan maar dat durfde ik niet. Ik vroeg aan haar of zij het ging maken zodat ik dan alvast een gedeelte van de afwas kon gaan doen. Ook dit wilde ze niet. Ik merkte aan mezelf dat ik geïrriteerd begon te worden omdat ze mij alles liet doen en zelf alleen maar op haar telefoon zat. Toen de docent langs iedereen ging om te kijken hoe het ging, deed ze snel haar telefoon weg en ging ze in de soep roeren. Van binnen werd ik enorm kwaad maar ik hield me in. Ik moest naar de wc dus natuurlijk ging ik dat doen.

De les was bijna afgelopen en de docent ging langs iedereen om de soep te proeven. Wij waren als laatste aan de beurt, hij ging de soep proeven en zei ‘wat is dit voor ongein waarom zit er zoveel zout in?!’ ik keek hem vreemd aan en tegelijkertijd zei de Pester ‘nou michelle heeft het zout erin gedaan hoor’ ik had het zout niet 1 keer aangeraakt. En op dat moment wist ik het meteen, toen ik naar de wc was heeft zij er zoveel zout ingegooid! Ik probeerde mezelf te verdedigen maar dat lukte me niet echt. Ik werd eruit gestuurd, voor de eerste keer. Ik moest me melden bij de rector en vertellen wat ik had gedaan, of nou ja eigenlijk vertellen waar ik de schuld van kreeg.

Ik ging me melden bij de rector. Ik vertelde de rector wat er gebeurd was en gek genoeg werd hij boos op mij? Hij zei dat ik zoiets echt niet kon doen. ‘Meneer ik heb dit niet gedaan’ zei ik. ‘Jij wordt niet voor niets eruit gestuurd dus je hoeft niet te liegen jij hebt het gedaan punt uit.’ Was het antwoord wat hij mij gaf. Ik moest een uur nablijven en mijn excuses gaan aanbieden aan de docent.

Na mijn laatste les ging ik mij eerst melden bij de rector, ik moest daarna naar de docent toe die mij eruit had gestuurd en sorry zeggen. Ik ging naar deze docent toe. De docent vroeg aan mij waarom ik dit deed. ‘Meneer ik heb dit niet gedaan, ik ging naar de wc toe en toen had zij er zoveel zout in gedaan.’ Zei ik tegen de docent. Hij vroeg waarom ze dit zou doen, op dat moment barste ik in tranen uit. ‘Ik weet het niet meneer, ze doen al een lange tijd zo tegen mij, ik krijg overal de schuld van en ze schelden me constant uit’ vertelde ik hem huilend. Maar het antwoord dat ik kreeg liet me eigenlijk alleen nog maar meer huilen, ‘Michelle je hoeft nou niet te gaan nep huilen hoor, het valt allemaal vast mee ze bedoelen het vast als grapje.’ Uit fatsoen of eigenlijk omdat het moest zei ik sorry en ging ik weg. Ik ging me weer melden bij de rector en ik moest nog een uur nablijven. Ik vond het oneerlijk maar ik deed toch wat er van mij gevraagd werd, ik had geen zin in meer gedoe. Ik had het gevoel dat ik gewoon niet gehoord of gezien werd en vooral dat ik niet serieus genomen werd. Ik appte mijn moeder wat er gebeurd was. Mijn moeder vond het natuurlijk niet leuk. 'De Pesters lopen nu lekker in de stad of zo en jij zit nog op school voor straf voor iets wat zij heeft gedaan, dat is niet oke Michelle' stuurde ze me. Ik was blij dat mijn moeder mij tenminste wel begreep en dat zij wel naar mij luisterde. Toen het uur nablijven er op zat mocht ik eindelijk naar huis toe.

k word gepest bij wie kan ik terecht?

e Kindertelefoon: voor alle kinderen & jongeren van 8-18 jaar die in ertrouwen willen praten. Bel 0800-0432 (gratis & anoniem). Elke lag van 11.00-21.00 uur, zaterdag en zondag van 14.00-20.00 uur of hatten.

lles Oké: De Alles Oké Supportlijn biedt support aan iedereen tusse le 18 en 24 jaar. Als het even niet zo lekker gaat. Alles is espreekbaar. Elke dag een luisterend oor chatten of bellen (0800-450).

e Luisterlijn: dag en nacht, alle dagen van de week, het hele jaar oor voor een vertrouwelijk gesprek. Want praten lucht op. Bel 088 767 000 Chatten of mailen kan via de website

olitie: Bij spoed Bel 112 in levensbedreigende en heterdaad ituaties zoals bij pesten dat u ziet dat iemand in elkaar geslagen vordt.

Vanaf de 3e week begon het, het fysieke geweld. Ik weet het nog als de dag van gisteren de eerste keer dat ik pijn gedaan werd. Halverwege de schooldag liep ik naar mijn fiets. Ik moest namelijk naar de tandarts dus ik mocht eerder weg van school. Het was op dit moment pauze en ik wou gaan, ik zag de Pesters iets verderop staan. Ik keek gewoon even naar ze. 1 van de Pesters kwam naar mij toe, ik wou snel weggaan maar de Pester was sneller dan ik dacht. Ze keek erg boos, ik vroeg aan haar of er iets was. 'Wat denk je zelf idioot kijk hoe je net naar ons keek' gaf ze als antwoord. Ze kwam steeds dichterbij, ik vroeg haar of ik erlangs mocht omdat ik moest gaan. 'Oh moet het kleine meisje weer naar mammie toe, mis je je mammie alweer' ik deed net alsof ik haar niet hoorde. Ik wou mijn fiets draaien zodat ik weg kon gaan en op dat moment trok ze aan mijn jas en gaf ze mij een klap in mijn gezicht. Ik voelde meteen pijn ik wist meteen dat dit niet goed was. Ik moest mijn tranen inhouden want diep van binnen wou ik echt alles eruit huilen. Ook was ik heel erg geschrokken. Toen ze mij een klap had gegeven liep ze weg. Niemand hielp mij en gek genoeg was iedereen op het plein juist aan het lachen. Snel ging ik naar huis, onderweg keek ik nog eventjes op mijn telefoon of je ook wat zag. Ik had een blauw oog. Het was niet een klein beetje blauw, het was heel erg blauw. Toen ik thuiskwam keek mama mij geschrokken aan.

‘Wat is er met jou gebeurd?’ vroeg ze.
‘Oh een ongelukje gehad tijdens gym, een basketbal tegen mijn oog aangekregen’ zei ik.
Ik wou haar namelijk niet ongerust maken. Mijn moeder keek mij een beetje vreemd aan. Mijn moeder vroeg me nog 3 keer of het niet door de Pesters kwam maar gelukkig geloofde ze het uiteindelijk wel.

Ze wist natuurlijk wel dat ik gepest werd maar dit hadden de Pesters nog nooit gedaan.
‘s Avonds zat ik heel erg lang na te denken. Ik was heel erg bang en ik gaf eigenlijk mezelf de schuld. Ik wist zelf ook wel dat ik niet de mooiste was maar ik had nog nooit iemand kwaad gedaan, zoiets zou ik ook nooit doen. Elke keer als ik er weer over nadacht begon ik eigenlijk een soort van te trillen. Ik voelde angst, angst of ze het morgen weer zouden doen. Ik hield hoop en dacht gewoon bij mezelf ‘nee joh dit was eenmalig, dit doen ze vast niet nog een keer’. Ik schreef nog even in mijn dagboek en ik ging slapen, althans dat probeerde ik.

De volgende dag begon mijn schooldag met mentoruur. Mijn blauw oog zag je helaas nog heel erg. Ik stapte 5 minuten te laat de klas binnen. Ik zag de Pesters achteraan zitten. Mijn mentor keek me direct aan en vroeg aan mij ‘wat is er met jou gebeurd?’.
Die vraag overviel mij heel erg. De Pester die dit gedaan

had keek mij gelijk boos aan. Ik kon natuurlijk op school niet hetzelfde vertellen als wat ik tegen mijn moeder had verteld. 'Oh dit is gister tijdens voetbaltraining gebeurd' zei ik vlug. Mijn mentor begon door te vragen. 'Het is niet zo ernstig hoor, iemand schopte gewoon de bal tegen mijn oog' zei ik en ik ging zitten. Mijn mentor hervatte de les en vroeg er verder ook niet meer naar. De les was afgelopen. De Pesters liepen achter mij toen we onderweg waren naar de volgende de les. Een van de Pesters trapte met zin op mijn hak, ik struikelde midden op de pantry.

Mijn knie deed pijn maar goed ik deed alsof ik er niks van voelde. Ik liep door, van achter hoor ik allemaal gelach. De Pesters vonden dit namelijk supergrappig, ik vond het zelf totaal niet grappig. Het liefst ging ik naar huis maar ik wist dat mama dan ging vragen waarom ik zo vroeg thuis was. Ik ging gewoon door alsof er niets was gebeurd.

Toen ik na school thuiskwam vroeg mama hoe mijn schooldag was, 'ja leuk' was mijn antwoord en ik wilde naar boven gaan. Mama vroeg of ik niet zoals altijd een bakje thee wilde drinken met haar. 'Nee dankjewel, ik voel me niet zo lekker' zei ik en ik ging naar boven

Vanaf dat moment ging het er eigenlijk elke dag zo aan toe. Ik voelde me eigenlijk heel eenzaam, je ziet in de pauze iedereen op het plein staan met vriendinnen en ik stond altijd alleen. Meestal als ik 's avonds in mijn bed lag zat ik vooral na te denken en me af te vragen wat ze morgen weer zouden gaan doen. Ik ontwikkelde hierdoor een negatief zelfbeeld en eigenlijk heb ik dit nog steeds. Ook merkte ik dat ik last kreeg van faalangst, ik was heel snel bang dat ik iets verkeerd deed of zou doen.

Na ongeveer een jaar fysiek pesten trok ik aan de bel bij de rector. Deze rector vergeet ik nooit weer. Alles wat hij tegen mij heeft gezegd staat op mijn netvlies gebrand. Ik ging naar hem toe en vroeg of hij even tijd had voor mij 'Ik heb een half uur de tijd, daarna heb ik een bespreking' zei hij. Ik liep naar binnen en ik ging tegenover hem zitten, op dat moment knapte ik en kwamen al mijn emoties eruit. 'Waarom moet je huilen?' vroeg hij. Ik vertelde hem alles wat de afgelopen

Ik had nog niet echt door dat ze op fysieke manier nu ook pijn gedaan werd, ik wist natuurlijk wel dat ze vaak belachelijk werd gemaakt en uitgescholden werd.

de eerste week was ze erg enthousiast maar vanaf de 2e/3e week liet ze ook niet veel meer los over school. als ik vroeg "hoe was school?" kreeg ik korte standaard antwoorden zoals "leuk" "saai" "weet ik niet"
Ik gaf haar elke dag aan dat als er iets is ze altijd bij mij terecht kon.
Mama.

tijd was gebeurd. Het was het een minuut stil. Hij begon te lachen, ik keek hem een beetje gek aan. ‘Doe maar even normaal Michelle op deze school wordt niet gepest hoor’ zei hij. Ik had hem verteld wie mij pestte, ook daarop zei hij ‘dat zouden zij nooit doen dat zijn hartstikke lieve meiden’. Ik werd eigenlijk een beetje boos. Ik liet een foto zien van mijn blauwe ogen, ik maakte namelijk altijd foto's als er iets was gebeurd, zodat ik bewijs had. ‘Dit is gefotoshopt’ was zijn reactie op de foto’s. Ik stond op en ik liep meteen zijn kantoor uit. Ik ging naar huis toe. Ik was verdrietig, boos en vooral teleurgesteld. Het gevoel dat je niet gehoord of gezien wordt is een vreselijk gevoel. Ik meldde me niet af en ging gewoon rechtstreeks naar mijn fiets en naar huis. Gelukkig was mama thuis, huilend kwam ik binnenlopen.

Toen ze binnenkwam wist ik meteen genoeg. Ik was aan het bellen met mijn zus, ik zei meteen toen Michelle binnenkwam "ik moet ophangen". Nog geen 5 minuten later kwam alles eruit bij Michelle.

Mama

Eenmaal thuis aangekomen wilde ik het eerst eigenlijk niet aan mijn moeder vertellen, maar ik wist dat zij mij misschien wel zou kunnen helpen. Mama was gelukkig echt een luisterend oor, heel begripvol vooral. Ik weet eigenlijk niet hoe zij zich voelde toen ze dit hoorde.

> je voelt je machteloos je wilt zoveel doen
> maar je weet niet zo goed wat.
>
> Mama

Steeds vaker als ik naar school moest raakte ik 's ochtends overstuur omdat ik niet wist wat er vandaag weer zou komen. Ik begon steeds meer een enorme haat naar school te krijgen, ook naar mezelf begon ik een haat te krijgen. Alsof ik niet goed genoeg was, voor mijn gevoel was ik dat ook niet. Anders vonden mensen mij wel leuk en zouden ze mij niet pesten toch?

> Je dochter van een blij en zelfverzekerd meisje zien veranderen in een ongelukkig en onzeker meisje is echt hartverscheurend.
>
> Mama

de eerste pauze hebben ze me laten struikelen op het plein ik had een schaafwond op mijn hoofd en hoofdpijn en 1 meisje gaf me nog een klap na

de tweede pauze werd ik gelukkig met rust gelaten ik liep over het plein want ik wou naar huis ik had namelijk echt hoofdpijn En in de pauze besefte ik me ineens Hoe klote het is om je alleen te voelen de enige vriend die ik heb maar hij is ook mijn beste vriend is mijn broertje we doen eigenlijk alles samen Best gek om mijn beste vriend te hebben die je eigenlijk Al je hele leven kent En eigenlijk ben ik niet echt bang voor de pesters ik weet toch altijd al wat ze gaan doen Ik heb toen ik thuiskwam mama verteld wat de pesters dus nu hadden gedaan mama is naar school gegaan maar ze werd gewoon weggestuurd

Omdat we ons niet zo moesten aanstellen

hoe kan je dat als rector zeggen? het leven is eigenlijk zo on eerlijk hoe houden andere mensen die gepest worden dit vol ik weet niet of ik dit nog kan volhouden 's avonds als ik in bed lig zie ik alleen maar de beelden van wat ze met me doen ik wil dit niet meer ik wil ook normaal puber kunnen zijn

(2019) Een stukje uit mijn dagboek

(2019) Ik in mijn nieuwe kleding

Ik was jarig, ik werd 16. Ik wou eigenlijk heel graag naar school. Ik zag het al helemaal voor me, jarig door school lopen en iedereen die je feliciteert. Mijn moeder vroeg aan mij of ik niet liever thuis wilde blijven, dit wilde ik niet. Ik wilde zo graag jarig naar school. Ik had op mijn verjaardag, die ik het weekend al had gevierd nieuwe kleding gekregen. Natuurlijk deed ik het aan naar school.

Eenmaal op school aangekomen vond iedereen mijn kleding lelijk. Tijdens de les van art & design hadden de Pesters zelfs verf op mijn nieuwe T-shirt gegooid. Zwarte verf om precies te zijn, het shirt was dus volledig verpest. Iedereen feliciteert elkaar altijd als er iemand jarig is op school. Er was niemand die mij had gefeliciteerd, ja 1 docent omdat hij het toevallig zag staan in magister.

Verder ben ik door niemand gefeliciteerd. Zelfs op mijn verjaardag hebben ze mij laten struikelen. Mijn dag was gewoon verpest en dat terwijl ik 16 was geworden, 16 is een mijlpaal toch? Ik kwam verdrietig thuis maar mama had een verrassing voor me. Ze had een mooie taart gehaald, samen hebben we de taart gegeten en speelde we een spelletje. Ze zorgde ervoor dat mijn dag alsnog een beetje beter was. Toch was dit een van mijn vreselijkste verjaardagen ooit.

Het enige vak wat ik op school nog leuk vond was gym. Op een gegeven moment kon ik ook niet meer mee gymmen. Continue als ik me wilde omkleden stonden de Pesters met hun telefoon klaar om foto's van mij te maken. Ik ging naar de desbetreffende docent, ‘nou michelle dat valt vast reuze mee je kan ook overal een probleem van maken’ was het antwoord dat ik kreeg. Vanaf dat moment begon ik te spijbelen. Ik durfde gewoon niet meer naar gym toe. Ik snap sowieso niet waarom telefoons mee moeten in de kleedkamer.
Wat ik vooral heb gemerkt is dat er altijd wordt gezegd ‘als je gepest wordt trek dan aan de bel’ maar op het moment dat ik aan de bel trok, werd ik toch niet serieus genomen. Ik spijbelde heel erg veel. Meestal ging ik naar de stad om me daar te verstoppen als het ware, ik wilde namelijk niet dat mijn moeder ging vragen waarom ik weer zo vroeg thuis was.

vandaag hebben we Sinterklaas gevierd op school Ik heb in totaal twee weken aan mijn surprise gewerkt ik had een hele grote voetbal gemaakt van plastic bekertjes en ik had hier echt mijn best op gedaan ik was benieuwd wat iemand voor mij had gemaakt ik hoopte eigenlijk een grote lippen stift maar in ieder geval had ik er heel veel zin in

mama ging met mij mee naar school in ieder geval in de ochtend zodat ze zeker wist dat niemand van de pesters mijn surprise zou kapot maken om 2 uur tijdens mentor uur gingen we eindelijk sinterklaas vieren

mijn mentor had er een spel van gemaakt degene die 6 gooide mocht voor iemand anders een surprise pakken ik gooi de zes en gaf mijn surprise en de jongen waar ik hem voor had gemaakt

hij vond de surprise heel erg mooi uiteindelijk kreeg ik mijn surprise het was helemaal geen surprise het was een kartonnen doos en toen ik de doos openmaakte stond er een tekst in

er stond in dit wordt later jouw huis meer verdien je niet hij had een chocoladeletter gekocht en meer niet toen ik 's middags best wel verdrietig thuiskwam omdat ik zoveel tijd in mijn surprise had gestoken en ik er dit voor terugkreeg zag ik nog iets in de doos er was een briefje op de chocoladeletter geplakt waar op stond spring voor een trein niemand vind je leuk ik heb hem nooit wat misdaan maar goed hij is vrienden met de pesters

(2019) Een stukje uit mijn dagboek

Voor het spijbelen kreeg ik straf. Ik was zo veel afwezig geweest dat ik deze uren moest inhalen, elke dag voor school moest ik me om 07:30 uur melden. Als ik om 10:00 uur in was moest ik van 07:30 uur tot 10:00 in een lokaal zitten met mijn armen over elkaar. Was ik om 08:30 in dan had ik geluk, dan hoefde ik er minder lang te zitten. Ik heb drie maanden lang elke dag voor school hier moeten zitten.
Zoals elke ochtend kwam ik me melden, ik ging achteraan zitten. Er stonden allemaal tafels je mocht zelf bepalen waar je ging zitten. Het was echt een soort lokaal. 5 minuten na mij kwam een van mijn Pesters binnen, ze ging naast mij zitten en ik durfde eigenlijk niet op te staan om aan een andere tafel te gaan zitten. De Pester ging elke keer met zin op mijn voet trappen. We hadden tegelijk om 10:00 les, dat betekende dat ik dus nog heel lang naast haar moest zitten. Ik begon pijn te krijgen aan mijn voet, Ik meldde me ziek en toen ben ik naar huis gegaan. Ik trok het gewoon niet meer, Ik was er gewoon even klaar mee. De Pester had natuurlijk de grootste lol dat ze me alweer had weggejaagd Maar op dat moment kon me dat gewoon helemaal niks schelen. Ik wou gewoon naar huis, gewoon even heel hard huilen en gewoon even alleen zijn.

ik weet soms niet zo goed of het leven nog wel zin heeft
vandaag heb ik straf gekregen voor iets wat ik niet heb gedaan
1 van de pesters gooide tijdens de economie les een gum naar de docent toen de docent vroeg wie dat had gedaan gaven de pesters mij de schuld
toen ik zei dat ik het niet gedaan werd ik alsnog uit de les gestuurd
ik heb die gum niet eens gegooid na de les moest ik me melden bij de docent ze zei dat ik een onfatsoenlijk onderkruipsel ben en dat ik normaal moest doen ik heb haar verteld dat ik het niet deed en dat ik nooit zoiets zou doen ze zei letterlijk 'maar de hele klas heeft gezien dat jij het deed'
ik moest me alsnog melden bij de rector en ik vertelde hem dat ik dit niet gedaan had hij zei tegen mij dat ik moest ophouden met liegen en moest ophouden met me aanstellen dat ik gepest word
ik ben naar huis gestuurd en mag morgen pas weer naar school
toen ik naar huis wilde gaan kwam de pester die de gum gooide naar me toe ze vroeg of ik haar verlinkt had en ik zei nee en wou weglopen maar ze trok aan mijn tas en gaf me een klap in mijn gezicht en zei als ik erachter kom dat je mij hebt verlinkt heb sla ik je morgen een gebroken kaak ik durf echt niet meer naar school mama geloofde me gelukkig wel school is echt een hel en alsjeblieft
iemand bevrijd me uit deze hel want ik kan dit niet meer

(2019) Een stukje uit mijn dagboek

Opa en ik

Wat ik ook vaak deed als het niet goed ging op school of ik had gewoon een rot dag gehad, dan ging ik naar mijn opa en oma en vooral omdat mijn opa mijn beste vriend was. Ik kon altijd heel goed met hem praten over van alles en nog wat. Meestal vertelde hij mij ook heel veel verhalen over voetbal, ik snapte er eigenlijk helemaal niks van maar hij werd er blij van. Weetje, was hij blij? Dan was ik ook blij. Soms gingen we samen hun hond uitlaten even lopen, praten en vooral mijn hoofd leeg maken. Opa had een hekel aan de Pesters, het liefst zocht hij ze op. Hij zei ook altijd 'niemand komt aan mijn kleine meisje' dat deed me op zich altijd best wel goed. Hij begreep me eigenlijk als geen ander. Wat altijd heel grappig was, als ik mijn medicatie voor mijn ADHD niet had gehad waren we altijd net twee kleine kinderen bij elkaar. Meestal kregen we dan ruzie.

Opa ging ook altijd door als oma zei dat hij moest stoppen maar hij moest altijd het laatste woord hebben. Zo was opa gewoon, altijd doorgaan als er wordt gezegd dat hij moet stoppen. Hij was gewoon net een kleuter soms haha!

Oktober 2019 de maand die mijn leven voor altijd veranderde.

Mijn opa had een ongeluk gehad met de auto maar alles was goed, gelukkig was hij oke. Er was niks aan de hand. 5 dagen later kreeg ik een berichtje van mijn nichtje. Op het moment dat ik dit berichtje kreeg was ik niet thuis. Ze vroeg aan mij ‘weet je het al van opa?’ ‘Ja van dat ongeluk maar alles is goed met hem toch’ was mijn antwoord daarop. ‘Dat bedoel ik niet’ ‘wat is er dan met opa?’ vroeg ik, Opa heeft kanker was het antwoord dat ik kreeg.

Voor mijn gevoel stopte mijn hart even met kloppen. Het eerste wat ik deed was huilen en mijn moeder bellen. Mijn moeder nam niet op dus ik belde haar nog een keer, ze nam op en vertelde mij dat ze het me wilde vertellen zodra ik thuis was. Ik heb drie keer aan haar gevraagd of het echt waar was.

Ik weet nog precies hoe ik me op dat moment voelde, de hele dag huilen was wat ik die dag deed. Ik wou het gewoon niet geloven. Toen ik weer thuis was vertelde mijn moeder dat we maandag de uitslag krijgen over hoe nu verder. Ik kan je vertellen dat een weekend dan echt enorm lang duurt, zenuwslopend kan ik het beter noemen. Ik belde mijn beste vriendin Lisanne huilend op. Lisanne had een hele goeie band met opa, hij zag haar als zijn eigen kleindochter. Lisanne noemde hem ook gewoon opa, ze zag hem tenslotte ook gewoon als haar opa. Het was maandag en eind van de middag was het gesprek in het ziekenhuis. Mijn moeder, mijn oma en mijn tantes gingen mee naar dit gesprek. Toen mijn moeder eindelijk thuiskwam zag ik meteen dat het niet goed was. 'En krijgt opa chemo en mag hij weer naar huis?' vroeg ik, op dat moment begon ze te huilen en zei ze alleen maar 'het is niet goed'. Even later vertelde ze dat opa ongeneeslijk ziek is, hoe lang hij nog heeft dat weten we nog niet. Ik begon te huilen, te trillen en binnen een uur zei ik. 'Ik moet die tattoo nu zetten!'. Ik had namelijk al heel lang in mijn hoofd om op mijn 18e een tattoo voor opa en oma te zetten. Ik wist het meteen, dit moet nu. Mijn moeder vond me eigenlijk te jong maar ze vond dat dit echt een bijzondere reden was. 'Mama het moet nu, opa moet het nog zien' zei ik tegen mijn moeder. Na een uurtje nadenken gaf mijn moeder toestemming. Ik had direct een berichtje op Facebook geplaatst en binnen twee uur had ik een afspraak staan bij een tattoo shop. Ik had het idee om twee vingerafdrukken, de vingerafdruk van opa en de vingerafdruk van oma samen te voegen en dan in de vorm van een hart te tatoeëren. De ene helft met opa zijn vingerafdruk en de andere helft met oma haar vingerafdruk. Mama ging naar het ziekenhuis met een

(2019) De tattoo

Boekje en een stempelkussen. Ze zei tegen opa dat ik een stamboom ging maken van vingerafdrukken voor een schoolopdracht. Het moest natuurlijk wel een verrassing blijven! Zogezegd zo gedaan. 12 oktober was het eindelijk zover, ik was enorm zenuwachtig en ik vond het doodeng maar het was voor een goed doel. Dezelfde dag liet ik hem ook zien aan opa en opa zijn reactie kan ik nog steeds om lachen. Ik liet hem zien en hij zei 'oké mooi' ik vroeg aan opa wat er was. 'Ik hou niet van henna tattoos' was zijn antwoord. 'Maar het is helemaal geen henna het is echt' zei ik tegen opa. Zijn ogen kwamen nog net niet uit zijn hoofd. 'Wow meisje wat lief laat nog eens zien' zei hij toen hij door had dat de tattoo echt was. Hij begon bijna te huilen, Dat moment vergeet ik nooit meer.

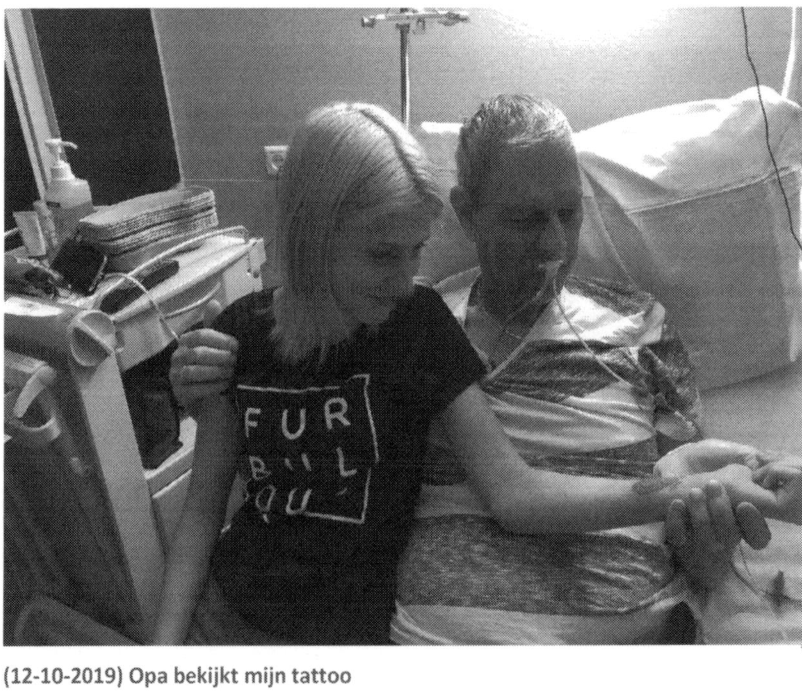

(12-10-2019) Opa bekijkt mijn tattoo

ik heb 1,5 week geleden te horen gekregen dat mijn opa ongeneeslijk ziek is school en mijn klas weten er vanaf ik had gehoopt dat de pesters dan zouden denken oké we laten haar nu even met rust maar helaas laten ze me helemaal niet met rust ik had vandaag koken het vak wat ik het meeste haat omdat er 2 docenten zijn die de pik op me hebben ik zat vandaag niet zo lekker in mijn vel en opa spookte de hele tijd rond in mijn hoofd ik had dit aangegeven bij de kookdocent en weet je wat hij zei? "je moet je niet zo aanstellen meiske het is maar een opa" hoe kan een docent zo praten? hij zei het ook waar iedereen bij stond dus de pesters vonden het heel grappig en lachte me uit de hele dag tijdens de andere lessen hebben ze tegen mij gezegt "ja meiske niet zo aanstellen het is maar een opa" hoe kan je iemand die ongeneeslijk ziek is er zo bij betrekken? ik wou juist zo graag naar school voor wat afleiding

ik probeerde juist de pesters te negeren maar om 1 uur tijdens de pauze heb ik mama gebeld en mama zei kom maar naar huis

nu moet ik van mama een paar dagen thuis blijven omdat ze ziet dat het me echt pijn doet

ik kan nu wel iets meer naar opa maar ik hoor juist op school te zitten ik ben 16 ik hoor juist niet bang thuis te zitten toch? misschien is het wel een beetje mijn eigen schuld misschien ben ik gewoon niet leuk genoeg ik weet zelf ook wel dat ik niet de knapste ben maar alsnog waarom moeten ze mij pesten? pesten is alles behalve stoer

(2019) Een stukje uit mijn dagboek

Toen mijn opa in het ziekenhuis lag deed ik er alles aan om hem gelukkig te houden.

Hoe moet dat voelen als je weet dat je doodgaat?
Mijn opa was groot Cambuur fan, ik zocht contact met de stichting van Cambuur. Cambuur verbindt, een stichting die Cambuur fans helpt wensen nog uit te laten komen. Ik had eigenlijk een specifieke wens voor mijn opa. Ik zocht contact, deze mensen boden aan dat mijn opa en oma nog samen naar een voetbalwedstrijd konden van Cambuur.
Ik gaf aan dat dit niet meer mogelijk was. Opa was hier te zwak voor.

Ik trok mijn brutale mond open en heb ik gevraagd of er een aantal spelers in het ziekenhuis langs konden komen. Ze zeiden dat ze hier voor moesten overleggen, dat overleggen duurde lang zeg! Nou ja heel lang? Een dag. Maar die ene dag voelt dan erg lang. De volgende dag werd ik gebeld en ja hoor het was me gelukt!
2 dagen later was het zo ver. Opa snapte niet waarom ik 's middags in ziekenhuis was, meestal kwam ik ’s avonds. Het was zenuwslopend en toen de spelers eindelijk binnenkwamen had ik geen idee wie het waren haha. Opa wist het meteen, die glimlach op zijn gezicht? Die glimlach was meer dan goud waard. De spelers hadden een gesigneerd shirt meegenomen voor mijn opa die

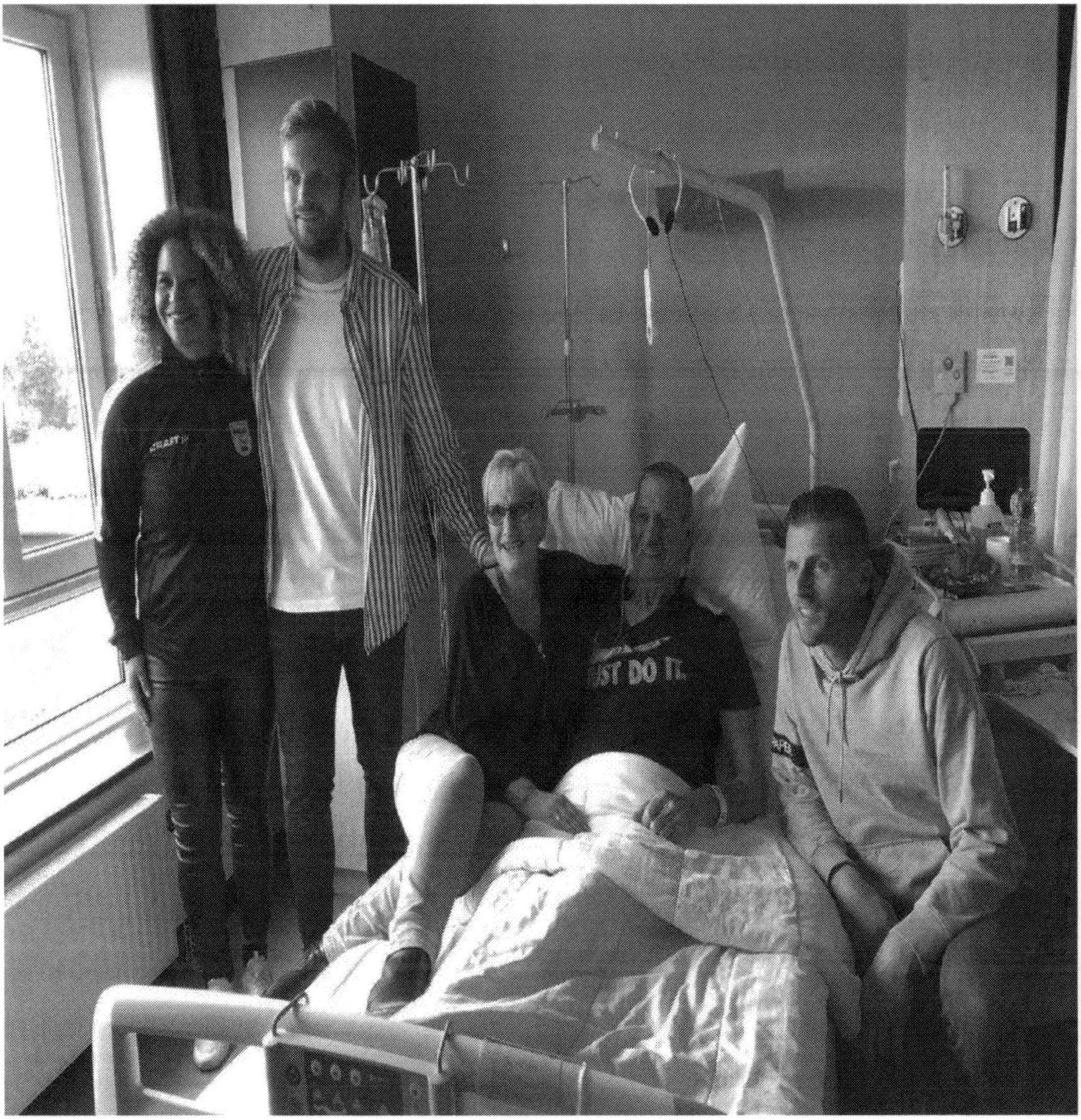

Opa en oma met de spelers van Cambuur

door het hele team en de staf was gesigneerd, een onwijs mooi moment was dat.

We hadden nog zoveel plannen met opa. Het liefst gingen we nog een tripje Spanje doen maar dit zat er helaas niet meer in. Precies 3 weken nadat mijn opa te horen kreeg dat hij kanker had overleed hij op 27 oktober 2019. Op de verjaardag van mijn tante Renate en op de verjaardag van mijn overgroot oma, zijn moeder dus en op de verjaardag van mijn tante. Nog steeds ieder jaar blijft deze dag een dubbel gevoel hebben.

De uitvaart had hij grotendeels nog zelf geregeld. Het liefst had hij bitterballen op zijn crematie maar oma zei dat dat niet een strak plan was. De uitvaart was mooi, heel mooi. Mooier dan ik had verwacht, een dienst die hij echt had verdiend. Een allemansvriend dat was opa en wat vooral op nummer één stond? Dat was zijn familie. Hij zou door het vuur gaan voor zijn familie. De familie was gewoon echt zijn alles.

Ik mis hem nog dagelijks, ik kan niet meer naar hem toe om te praten, ik kan hem niet meer bellen, ik kan geen ruzie meer met hem maken. Een echt gemis dus.
Toen mijn opa net overleden was werd ik gebeld door Cambuur verbindt. Ze boden ons vijf kaartjes aan zodat wij naar een wedstrijd konden als eerbetoon aan mijn opa. Natuurlijk zei ik ja en deze wedstrijd zijn we ook naartoe gegaan. Het was bijzonder maar ook wel een beetje gek. Het liefst had ik daar met mijn opa gezeten.

In 2021 schreef ik een gedicht voor mijn opa, en deze wil ik graag met jullie delen:

```
Waar ben je?
kun je mij nog zien?
kun je nog horen wat ik zeg?
ben je trots op me
hoe ik alles doe en me overal
doorheen sla?
nog nooit voelde iets zo leeg
dan toen jij je vleugels kreeg
als ik de wolken zo zie jagen
denk ik met liefde terug aan jou
al heb ik vele vragen
ik zie tussen alle sterren jou
sterretje staan
het is de allermooiste hij geeft
het meeste licht
en als ik heel goed kijk zie ik
jou gezicht
ik mis je hier beneden
en denk heel veel aan jou
zachtjes fluister ik naar boven
dat ik zielsveel van je hou
```

Michelle
6 juli 2021

Ik merkte al een lange tijd dat ik niet helemaal mezelf was. Ik wist niet zo goed wie ik was en wie ik wilde zijn. Uiteindelijk wist ik het, Ik val ook op meisjes. Ik werd toch al gepest dus ik besloot uit de kast te komen. Ik kwam in 2019 uit de kast. Eerst vertelde ik het mijn moeder en haar reactie was "maar dat had ik allang door hoor haha" ook zei ze "het maakt niet uit met wie je thuis komt zolang jij maar gelukkig bent". Ik had een foto op Instagram geplaatst en daarbij gezet dat ik biseksueel was. Misschien was dat niet zo'n slimme zet. De Pesters volgde mij blijkbaar op Instagram. Toen ik die dag erna naar school ging had ik een nieuwe bijnaam gekregen "lesbie", Ook kreeg ik weer een paar klappen omdat ze me vies vonden. Iedereen keek me vies aan en zelfs docenten lachte als de Pesters me midden in de les "lesbie" noemde. Ik begreep nooit echt waarom er ieder jaar een pride was maar nu begreep ik het, omdat er mensen zijn die de LGBTIQ niet accepteren. Laat iedereen gelukkig zijn, je kiest niet op wie je verliefd wordt. Ik weet het nog zo goed, als ik door de school liep lachte iedereen naar me en ik werd echt aangestaard door iedereen. Tegenwoordig wil ik niet meer gelabeld worden. Ik ben Michelle en niet 'bi'. Ik val op persoon en niet op geslacht.

Rowan & Lychana

Ik sprak met Rowan en Lychana, beide zitten zij op de middelbare school waar ik ook op zat. De school waar ik extreem gepest werd.

LYCHANA

Hoe is het pestprotocol op deze school?

Ik heb het gevoel dat we niet vaak worden gehoord of gezien.

hoe is de sfeer daar nu ?

Voor mij prima, ik ga niet met veel mensen om ik zit een beetje in mijn eigen bubbel haha!

word er door leraren ingegrepen als er een melding van pesten word gedaan?

Niet dat ik weet, ik heb het in ieder geval nog nooit gezien helaas.

ROWAN

Hoe is het pestprotocol op deze school?

Nou er worden wel veel mensen gepest zo ver ik weet maar er word niet veel aan gedaan.

Hoe is de sfeer daar nu ?

Grimmig en beetje ja raar ofzo het gevoel dat je niet altijd veilig bent daar.

Ben jij bang om gepest te worden ?

Nee ik ben niet echt bang, ik trek me er niet zo veel van aan. ik word wel vaker dikke of dikzak genoemd daar

vandaag was de laatste schooldag voor de kerstvakantie

ik had vandaag weer art en design en dat vind ik altijd wel heel erg leuk

en vandaag gingen we iets doen wat ik echt heel erg leuk vond

we gingen een kerststukje maken en ik had er best wel veel zin in ik ging het mooiste kerststukje maken voor mama omdat mama mij het afgelopen jaar zoveel geholpen heeft en gesteund heeft verdiend ze dat

ik ging met zin aan de andere kant van het lokaal zitten zodat ik niet dichtbij de pesters zou zitten

gek genoeg lieten ze me de halve les met rust ik was bijna klaar met mijn kerst stukje en ik was onwijs trots totdat de docent van art en design naar de wc ging ze hebben mijn kerststukje gewoon kapot gemaakt ik had er zo mijn best op gedaan en eigenlijk wou ik het terug doen maar ik wil me niet verlagen tot hun niveau ik heb het gezegt tegen de art en design docent maar ze zei dat ze er niets aan kon doen aangezien zij het niet gezien had ik ben er wel een beetje klaar mee altijd dat gedoe op school niemand die me leuk vind en alles wat kapot gemaakt word pesten is zo oneerlijk en ik hoop dat hun na deze school hetzelfde meemaken zoals ze nu bij mij doen

(2019) een stukje uit mijn dagboek

In 2019 was TikTok helemaal een hype, ik had ook TikTok. Mijn persoonlijke account werd gevolgd door de Pesters, Ik kon dus niks posten. De kans was namelijk groot dat als ik zou posten ik weer belachelijk zou worden gemaakt. 1 van de Pesters had een filmpje van mij gemaakt en er allemaal rare woorden omheen gezet, dit had ze op TikTok gezet. Het filmpje had meer dan 100 likes, hoe konden mensen dit leuk vinden? Dat vraag ik me nog steeds af. Ik had het filmpje aan mijn moeder laten zien en zij wou dat ik weer naar de rector ging. De volgende dag ging ik naar de rector toe. Ik liet het filmpje zien en hij begon te lachen. Ik vroeg hem wat er grappig was? Toen zei hij ‘best een leuk filmpje toch?’ ik zei dat ik het helemaal niet grappig vond. Zijn antwoord daarop was "nouja dit is niet genoeg bewijs dat jij het bent". Ik was boos en verdrietig tegelijk. Nog steeds elke dag als ik aan deze rector denk word ik boos vanbinnen

Dezelfde week kreeg ik heftige bedreigingen, Ik werd met de dood bedreigd door meerdere Pesters. Toen mijn moeder school belde nam school haar niet serieus.

als je als moeder niet serieus genomen word doet dat wel wat met je, ik heb op dat moment geen seconde getwijfeld en ik heb Michelle thuis gehouden. Als een meisje van 16 zo enorm bang is, is het gewoon zielig als je haar naar school stuurt. Aangezien ik niet serieus genomen werd besloot ik haar ook niet af te melden van school. Ik heb haar een week thuis gehouden en wat mij echt gebroken heeft is dat school niet 1 keer naar mij heeft gebeld waar mijn dochter was. Dat maakt je als moeder ook best wel boos maar je houdt je in voor Michelle. Na een week was ik er klaar mee en stuurde ik een mailtje naar haar mentor. "Als het jullie toch niet boeit waar mijn kind is en jullie niets aan het pesten doen stuur ik mijn kind morgen met een honkbalknuppel naar school". Ik was erg boos en ergens ook teleurgesteld in de school, binnen nog geen 5 minuten werd ik gebeld door haar mentor of we op gesprek konden komen, wel vond ze het heel asociaal dat ik zo'n mailtje had gestuurd.

Mama

Het is avond, ik zit rustig een sigaretje te roken en over TikTok te scrollen. Een video spreekt mij aan waarin de voice over zegt: "Een stukje uit mijn dagboek wat ik schreef in 2019" Aandachtig luister ik naar wat ze vertelt, en ik ben geraakt door wat ik hoor. Na de video ben ik een beetje emotioneel. Ik ga meer video's kijken en vind mezelf er helemaal in terug. Ik besluit Michelle een berichtje te sturen. Ze vroeg of ik een stukje uit mijn jeugd zou kunnen schrijven.

Helaas heb ik geen dagboek bijgehouden, maar ik ga proberen een indruk te geven uit mijn schoolperiode.

"Het was een Hel"
7:30 in de ochtend, het is koud maar toch loop ik naar de schuur. Pak mijn fiets en ga onderweg naar school. Ik fiets de route waar ik op het grootste gedeelte bijna niemand tegenkom. Ik probeer plekken te vermijden waar ik Pesters tegen kan komen. Zodra ik op de kruising ben kom ik klasgenoten tegen die wel leuk zijn. Ik besluit met hun mee te fietsen voor mijn eigen veiligheid. Aangekomen op school splitsen we weer. Iedereen heeft zijn kluisje ergens anders. Ik loop richting mijn kluisje en in de hoek zie ik ze al staan, ze komen naar me toe. Ze schreeuwen naar me en proberen me bang te maken, ik stop mijn boeken in mijn tas en vlucht naar het lokaal waar ik les heb.

Gelukkig zit ik vandaag de hele dag in hetzelfde lokaal en heb ik mijn favoriete vak, Kunst. Gelukkig zijn er in deze lesdag alleen maar leuke mensen in het Lokaal.
De bel gaat om 15:00 en we zijn vrij, ik besluit in mijn vrije tijd na school door te werken aan mijn opdracht in het lokaal, in de gang hoor ik voetstappen. De conciërge loopt voorbij en vraagt wat ik nog aan het doen ben, en ik antwoord met: Ik maak dit nog even af en dan ga ik. Waarop hij antwoord: Dat is goed!

16:30 ik loop door de school, ruim mijn boeken op in mijn kluis en loop naar de fiets. Niemand te bekennen. Ik besloot om een stukje om te fietsen om even wat rust te pakken. En deze keuze bleek niet slim te zijn...
Ik fiets door het Parkje en ineens hoor ik keihard een groepje lachen in de verte. Het was al te laat om terug te fietsen dus ik moest erlangs. Ze schoppen me van de fiets en ik klap op de grond. Ze schoppen me en proberen mijn fiets kapot te maken. Nadat ik weer ben opgestaan pak ik mijn fiets en ga ik naar huis. Ik kom thuis en mijn moeder vraagt wat er is gebeurd en ik antwoord met "Gevallen met de fiets" en loop door. De volgende dag besluit ik eerder naar school te gaan, ik weet dat de docent waar ik altijd mijn verhaal kan doen op school is die dag. Ik loop de gang in en ze ziet aan mijn gezicht al dat er iets mis is... Ze geeft me een knuffel en neemt me mee naar haar lokaal. Ik ga zitten en barst in tranen uit.

Snikkend zeg ik: "Ik wil niet meer" Ze gaat met me in gesprek en probeert me gerust te stellen. Ze probeert me te motiveren om door te zetten, met een goed gevoel loop ik het lokaal uit. Zonder haar was mijn schoolperiode ondragelijk geweest. En nu jaren later, zien we elkaar regelmatig en spreken we geregeld af! Nooit gedacht dat ik zo een sterke band op zou bouwen met een docent! School was voor mij een hel, en was ook blij dat na 4 jaar eindelijk deze periode over was.

Pesten is niet zomaar iets, het beschadigd mensen.
Maar uiteindelijk heeft het me sterker gemaakt dan ooit!

Liefs Anoniem.

Doordat ik uit angst zoveel had gespijbeld kon ik niet meer opstromen naar kader maar goed dat kon mij op dat moment helemaal niks schelen.

In 2020 werd ik bevrijd uit deze hel.

Corona kwam in Nederland en hoewel heel veel mensen dit echt vreselijk vonden bouwde ik een feestje thuis. Ik hoefde niet meer naar school! Wat was ik gelukkig op dat moment. Ik ging anoniem op TikTok in de hoop dat de Pesters mij niet zouden vinden. 1 van de Pesters vond mij op TikTok en het pesten ging online door. Na een tijdje heeft mijn moeder contact gezocht met de ouders van 1 van de Pesters. Ze heeft gezegd dat als het zo doorgaat we aangifte gaan doen. Binnen een week tijd ongeveer hield het pesten op. De examens gingen niet door en wat was dat een opluchting zeg. Ik zocht contact met mijn mentor en vroeg haar of ik nog kon zakken. "nee Michelle je staat veilig" was haar antwoord. Ik voelde me bevrijd uit een hel. Veel te vroeg hing ik de vlag uit.
1 maand later zouden we pas de officiële uitslag krijgen maar ik wist het zeker, ik was geslaagd. Ik was bevrijd uit de hel en niemand die mij dit nog kon afpakken. 'War is over' was wat ik tegen mijn moeder zei. Toen ik de vlag uithing barstte ik in tranen uit.

Ik sprak een aantal andere mensen die ook gepest werden:

Ik heb geen leuke schooltijd gehad, werd veel gepest omdat ik anders ben dan andere. Ik heb vaker aangegeven dat ik gepest werd maar er werd niks aan gedaan, ik ben boos geworden op de pesters en heb zelf het hef in eigen handen genomen
Anoniem.

Toen we weer aankwamen bij het kamp gingen we even lunchen dus ik ging ergens zitten, maar de pesters wouden daar dus blijkbaar ook zitten en duwde me van mijn stoel af en trapte me op mijn schenen tot één van de zeil begeleiders kwam. Ik kwam thuis met veel blauwe plekken.
Anoniem.

Ik zit zelf nog in mijn middelbare school tijd, klas 4 examen jaar. het zijn voor mij 3/4 zware jaren geweest, met veel ups en downs.
er is zover ik weet geen pest protocol.
ik zou iedereen meegeven om vooral aan jezelf te blijven denken en de pesterijen proberen te negeren, hoe moeilijk het ook is
Anoniem.

Ik heb mijn middelbare school nog niet afgemaakt maar ben nog bezig maar in de 1e en 2e werd ik heel erg gepest en ben ik een maand niet naar school geweest omdat ik me daar niet veilig voelde maar een maand later ben ik weer naar school gegaan
Anoniem.

78

Suzan en Freek

In 2020 kwam ik achter de muziek van Suzan en Freek, hun muziek beschreef helemaal mijn gevoel. Ik vond veel steun in de muziek van hun. Blij, heel blij werd ik van de muziek van Suzan en Freek.

Ik geloof dat soms de dingen gaan

Zoals ze in de sterren staan

Misschien moet al het mooie nog beginnen

Ik laat een lichtje branden

Ik laat een lichtje branden voor jou

Lichtje branden – Suzan en Freek

Dit is een stukje uit het liedje lichtje branden, 1 van de mooiste nummers. Althans dat vind ik. Het omschrijft precies mij en dat is wat ik zo onwijs mooi vind aan de muziek van hun. Als ik me even niet goed voelde of gewoon even niet zo blij deed ik oortjes in, volume op 100 en luisterde ik naar mijn Play list van Suzan en Freek.

Ik meldde me aan voor het mbo, helpende zorg was wat ik wilde doen. Ik werd aangenomen en na de zomervakantie begon ik daar.

Na twee maanden op mbo merkte ik aan mezelf dat ik niet meer mezelf was, Ik was heel verdrietig en ik had de hele tijd beelden in mijn hoofd van het pesten. Ik ontwikkelde veel angsten. Zodra ik last had van deze angsten werd ik echt gek van mijzelf.
Als ik bijvoorbeeld naar de winkel ging had ik heftige scenario's in mijn hoofd, laat ik eens een paas voorbeelden geven.
Ik fietste naar school en onderweg heb ik alweer scenario's in mijn hoofd, ik kan aangereden worden dus ik stippel meteen in mijn hoofd uit hoe ik mijn begrafenis wil hebben.
Ik ging om 7 uur 's avonds even een rondje lopen om mijn hoofd leeg te maken, er loopt iemand langs mij en ik voel meteen weer angst. Deze persoon wil mij misschien wel ontvoeren en vermoorden.
Ik zit bij mijn moeder in de auto, wat nou als we in het water rijden en we niet meer uit de auto kunnen komen? Dan verdrinken we. Misschien worden we dan nooit gevonden. En zo ging het er elke dag aan toe helaas.

Maar goed ik wilde niet nu alweer stoppen met de opleiding dus ik negeerde mijn gevoel, Dat is iets wat ik

echt niet had moeten doen.
Veel vrienden had ik niet op het mbo maar dat hoeft ook niet ik zat er namelijk voor mezelf en niet voor een ander.

Toch merkte ik dat ik mezelf door school steeds meer ging wegcijferen. Ik maakte de keuze toch te stoppen met school.

Voor meer afleiding en structuur zocht ik een bijbaantje. Ik werd aangenomen bij een supermarkt als vakkenvuller en ik was helemaal op mijn plek hier. Uiteindelijk begon ik hier fulltime te werken. Alles ging goed maar toen gebeurde het.

Ik riep mijn broertje voor het avond eten maar hij zei niks terug. Ik ging naar hem toe en daar lag hij. Op de grond met de kruk nog onder zijn kont. Ik schopte zacht tegen hem aan en zei ‘Chris geen tijd voor grapjes nu’ Maar dit was geen grap. Chris werd steeds meer blauw in zijn gezicht en ik riep mijn moeder, Ik was helemaal in paniek. Mijn moeder ging naar Chris en ik rende in paniek het huis uit. Ik rende naar mijn beste vriendin die tegenover mij woonde. Huilend stond ik voor de deur en het enige wat ik kon zeggen was ‘er is iets met Chris er is iets met Chris’. Ze deed haar jas aan en zei ‘kom we gaan naar je moeder toe’. Eenmaal daar aangekomen was de ambulance er al en Chris moest mee. Dat beeld krijg ik nooit meer van mijn netvlies af. Na een aantal onderzoeken kregen we dezelfde week nog de uitslag, Chris heeft weer epilepsie. Het komt niet vaak voor maar Chris heeft het zelfs in ergere vorm teruggekregen. Als zus breekt je hart dan echt. Chris mocht veel minder dingen die hij normaal wel mocht, En voor een jongen met autisme is dat erg lastig.

Hij had best vaak aanvallen. Meestal elke week sowieso 1. Na een tijdje ging Chris weer alleen naar buiten, een stukje fietsen.

3 kwartier later werd mijn moeder door een anoniem nummer gebeld. Ze neemt op en hoort een man aan de lijn. 'Goeiemorgen, ik heb uw zoon gevonden in een parkje in een plas water, de ambulance is onderweg want hij ligt hier waarschijnlijk al een tijdje'. Mijn moeder ging er natuurlijk meteen heen en inderdaad, Chris lag er al een tijdje want hij was lichtelijk onderkoeld. Hij moest mee en werd gecheckt in het ziekenhuis. Gelukkig mocht hij 's middags weer naar huis. Ik weet nog wel dat het eerste wat ik deed toen hij binnenkwam was, hem knuffelen haha!

Ik voelde me heel vaak schuldig, Waarom moest het bij hem terugkomen en niet bij mij? Het voelde zo oneerlijk.

Chris en ik

Ondertussen gaat het goed met Chris zijn epilepsie, de epilepsie is goed onder controle nu doormiddel van medicatie. Hij is nu al bijna een jaar aanvalsvrij! Super goed nieuws toch?. Ik ben trots op hoe Chris het nu doet. Chris is voor mij echt een life saver. Chris woont nu inmiddels bij zijn vader. Het werkte hier thuis niet meer omdat Chris vaak agressief was, hij had veel woedeaanvallen en het was beter voor hem als hij bij zijn vader ging wonen. Chris en ik zijn nog steeds 4 handen op 1 buik maar toch missen we elkaar vaak en veel. We kunnen nu veel minder vaak dingen samen doen maar toch proberen we elkaar minimaal 1 keer in de week te zien.

Toen ik een half jaar in de supermarkt werkte besloot ik psychische hulp te zoeken. Ik kreeg EMDR. Helaas hebben ze mij te weinig sessies gegeven waardoor in 2021 ik weer last kreeg van mijn trauma's.

Ik merkte het doordat ik constant herbelevingen had. Ik probeerde me er wat overheen te zetten. Ik negeerde gewoon weer mijn gevoel. Ik had geen tijd om me verdrietig te voelen dacht ik bij mezelf.

In 2021 begon ik ook op de kassa afdeling te werken. Toen ik daar net kwam ging de leidinggevende van de kassa weg en kwam er een nieuwe leidinggevende. En heel eerlijk gezegd toen die nieuwe leidinggevende er was, was mijn eerste indruk die ik van haar had ‘nou ze kijkt wel heel boos, ze is vast niet leuk’. Maar goed een eerste indruk zegt niks en gelukkig zat ik er ook compleet naast.

Ik praatte eerst niet veel tegen haar ik wilde gewoon even de kat uit de boom kijken. In 2021 ging het al erg slecht met me. In december had deze leidinggevende al een paar keer tegen me gezegd dat als er iets was ik altijd bij haar kon komen. Ik wilde geen hulp, ik wilde het zelf oplossen. Ik voelde me zwak als ik haar om hulp zou vragen of om advies. 31 december had ze weer door dat het slecht met me ging, ze nam me mee naar achter. Ze zei tegen mij ‘oke michelle het gaat volgens mij echt niet goed met je vertel wat is er aan de hand?’. Waarop ik zei ‘oh nee niks hoor’. Ik probeerde me groot te houden. En dus deed ik alsof er niks aan de hand was. ‘Je hebt je al lang genoeg groot gehouden, je bent niet jezelf Michelle, gooi het er gewoon uit’. Ik barste in tranen uit, alles kwam eruit. Ik heb wel 10 keer gezegd dat ik me echt zwak voel door te huilen maar het voelde meteen heel veilig. Ze was de ‘werk mama’ die ik echt nodig had. Dezelfde avond appte ze me ook nog ‘gelukkig nieuwjaar lieverd’ en vanaf dat moment was ze er echt altijd voor me. Zodra het slecht met me ging had ze het gelijk door. Ze kon het zien aan hoe ik keek en mijn houding zei ze altijd.

Ik heb hyperventilatie aanvallen. Zij was de enige waarbij ik het toe liet, Deze aanvallen. Ze kreeg me altijd zomaar uit een aanval. Dat kan/kon eigenlijk niemand. Zodra het slecht met me ging en ik was heel afwezig nam ze me mee naar achter en probeerde ze me beter te laten voelen door me te laten praten, huilen of wat dan ook. Ik kreeg altijd een knuffel van haar daarna. Ze heeft zich zelfs ernstig zorgen gemaakt toen ik een keer was weggelopen van huis. Ze heeft me geappt & gebeld. Ze vertelde me dat ze echt ongerust was omdat ik eigenlijk altijd wel op haar appjes reageerde en in ieder geval vaak online was op app. Ze was de enige waar ik mezelf open durfde te stellen. Ze trok altijd mijn emotie wel uit me zodat ik me weer beter ging voelen. Ze wist het gewoon meteen wanneer ik haar echt nodig had. Toen ik op een dag me echt vreselijk voelde ging ik met haar praten. Huilend zei ik 'ik snap echt niet dat ik hier nog ben ik haat het leven'. Ze pakte mijn hand vast en zei 'ik ben zo blij dat je er nog bent'.

Ze appte me vaak hoe het met me ging. Op een dag was ik echt overstuur. Ik zei tegen haar 'als ik hier wegga denken jullie toch niet meer aan me'. Waarop zij zei 'wat denk jij nou? Dat het me alleen om het werk draait? Het gaat me om jou, Ik zal altijd om je blijven denken en aan je blijven denken en je appen als je hier niet meer werkt'.

Zij was echt de eerste persoon ooit die me zo'n veilig gevoel gaf. En me het gevoel gaf dat ik er mag zijn.

Iets wat ik heel vaak zei tegen haar was dat ik haar niet lastige wilde vallen met mijn problemen, Maar zij zei dat praten juist helpt met het verwerken en dat ik haar niet lastig val maar ik juist om hulp vraag. Dat was goed zei ze.

Ik heb denk ik elke dag wel gezegd dat ik haar niet lastig wilde vallen als ze aan me vroeg of het wel goed ging met me.
Toen ze jarig was had ik echt een top idee. Ze hield heel erg van Kermit de Kikker en ik dacht wat is nou leuker dan een taart van Kermit de Kikker?. Dus ik overal op internet zoeken en uiteindelijk kwam ik uit bij de Hema, daar kun je een foto taart bestellen. Ik heb last minute een Kermit taart besteld. Toen ze eindelijk jarig was, was ze vrij van werk.

Een dag later was ze wel aan het werk en toen was het tijd om de taart te geven. Ze had al een vermoeden maar ik deed alsof ik van niks wist.

In de pauze gaf ik de taart aan haar en ze kwam niet bij van het lachen. Ze vond het zelfs zonde om hem aan te snijden. Op dat moment at ik best wel slecht door stress. De volgende dag had ze een bakje meegenomen met een

stuk taart erin en die moest ik van haar opeten. Natuurlijk heb ik dat ook netjes gedaan en eerlijk is eerlijk deze taart was echt heel lekker.
Soms was het best gek. Ik zei vaak tegen haar 'het lijkt alsof je mijn extra zus bent'. Ze begreep me namelijk als geen ander.

Sowieso op de kassa afdeling leek het alsof iedereen familie van elkaar was, iedereen respecteerde elkaar

Wel merkte ik dat ik heel erg op mezelf was. Ik hoefde niet per se met iedereen vrienden te zijn, ik kwam er tenslotte voor mijzelf en niet voor een ander. Er was nog een leidinggevende waar ik ook een goeie band mee had. We konden overal wel over praten. Zij deed me heel erg denken aan mijn opa, Ze is namelijk ook groot Cambuur fan en soms was het net alsof ik mijn opa hoorde praten. Meestal snapte ik er niks van maar ja zij vond het leuk dus ik vond het wel prima. Standaard als mijn dienst begon en zij was al aan het werk vroeg ze 'hey michelle! Hoe gaat het met je?'. Die vraag kan soms wonderen doen. Het idee dat iemand aan je denkt, Dat is erg fijn.

Adem in en adem uit; ontvang je levenskracht en laat alles los

Interview Hyperventilatie

Wat was de meeste angst bij mij op het moment van een hyper?

de meeste angst was dat je bang was dat je nog steeds dacht dat ik het eng vond.

En puur de hyper toelaten, omdat je niet precies weet hoe je zal reageren, omdat het bij elke hyper weer anders is.

Je kropte je hyper namelijk vaak op, iets wat je eigenlijk helemaal niet mocht doen omdat je na een tijdje dan gewoon echt ontplofte.

Je was ook altijd bang dat iemand je zou zien omdat je je er heel erg voor schaamde. Wat overigens totaal niet nodig was.

Hoe reageerde mijn lichaam tijdens een hyper?

Je lichaam was verder oké, je armen waren heel erg aan het schokken en je wilde steeds ronddraaien met de stoel.

Je was spraakzamer dan anders, maar moest steeds stotteren. En als je iets wilde vertellen, bleef je steeds haken en viel je weg.

had ik mijn ademhaling snel onder controle?

Over het algemeen had je snel je ademhaling onder controle, maar 1 moment bleef je er even wat langer inhangen. Waardoor ik je hoofd ook naar mij toe moest draaien en een paar keer tot je door moest dringen.

welke tips wil jij meegeven aan mensen die ook iemand kennen met hyperventilatie?

Uhm, vooral zelf rustig blijven, als jij in paniek raakt raak de persoon ik kwestie alleen maar meer in paniek

met een rustige stem de persoon benaderen en vooral zeggen dat het goedkomt

en het allerbelangrijkste zeggen dat je het niet eng vindt en dat diegene veilig is bij jou.

De psychische hulp kreeg ik niet direct, Ze vonden het niet ernstig genoeg en dus vonden ze niet nodig. Ik was heel erg vaak moe, huilde veel en ik merkte dat ik mentaal echt kapotging. Ik kreeg te maken met zelf beschadiging. Vaak snappen mensen niet waarom je zoiets doet. Het is een uitweg en het is niet meteen dat je niet meer wilt leven maar het is een ander soort pijn. Je mentale pijn vergeet je dan even omdat je focus op de fysieke pijn gelegd wordt en gek genoeg als je mentaal zo kapotgaat, Voel je zelfs de pijn van de zelfbeschadiging bijna niet eens. Ik deed mijn uiterste best om het te verbergen, ik wilde natuurlijk niet dat mijn moeder het zag. Ik had een mandje met allemaal verband, pleisters, eiland pleisters en noem maar op. Dit mandje stond in de vensterbank. Vaak als mijn moeder vroeg waarom ik dat had, zei ik 'oh heb ik gekregen' of 'oh ik vond dit verband mooie kleurtjes hebben'. Mijn moeder had vast wel door dat, dat niet helemaal waar was maar mijn moeder wist niet dat ik zo erg met mezelf struggelde.

Ze wist ook niet dat ik naar de huisarts was geweest om psychische hulp te vragen. Terwijl als ik er zo aan terug denk mijn moeder me juist misschien heel erg had kunnen helpen.

Mijn moeder merkte aan mij dat het niet helemaal goed met me ging. Ik praatte minder en ik had vaak woede aanvallen. Hierdoor had ik ook heel veel ruzie met mijn moeder. Hier kon ik echt heel erg mee gaan zitten maar ik denk dat mijn moeder het gewoon niet echt begreep. En doordat ze het niet begreep vertelde ik ook niet meer wat me dwars zat.

Als mijn moeder vroeg hoe het met me ging zei ik goed. Normaal als mijn moeder vroeg hoe het met me ging gaf ik eerlijk antwoord en vertelde ik haar ook gewoon als het niet goed ging.

Ik ben heel vaak naar de huisarts geweest ik denk wel een week achter elkaar elke dag. Nadat de huisarts mij na de afspraak weer wegstuurde maakte ik een nieuwe afspraak bij de receptie. Op een gegeven moment zei ze 'nee je bent al vaak genoeg geweest' waarop ik tegen haar zei 'ik blijf pas weg zodra ik psychische hulp heb want ik heb het nodig Mevrouw'. Ze wilde me niet helpen. 'Ik ben een patiënt u mag mij niet weigeren'. En zo maakte ze toch weer een nieuwe afspraak. Na 5 dagen is het me gelukt en werd ik doorverwezen naar het GGZ waar de wachtlijst op liep tot een jaar. Ik heb die avond ook echt zitten huilen, Dan heb je eindelijk de huisarts zover dat ze je doorverwijzen en dan moet je nog zo lang wachten.

Omdat je mijn zelf beschadiging natuurlijk heel erg zag deed ik zelfs tijdens het douchen de deur op slot. Dit deed ik nooit. Mijn moeder begon al wat door te krijgen maar er echt naar vragen deed ze niet. Ik wou haar niet nog meer ongerust maken, Daarom hield ik mijn mond erover dicht. Ik pakte alles wat scherp was ook al was het maar een wenkbrauw meisje. Ik deed er alles aan om die pijn in mijn hoofd te vergeten want ik werd gek van mezelf, gek van mijn gedachten en gek van mijn gevoel. Ik voelde me zwak, Ik hield helemaal niet van huilen. Ik wil namelijk altijd heel graag andere mensen helpen en daardoor cijfer ik mezelf heel erg weg. Ondertussen is het 2023 wanneer ik dit schrijf en ik ben nu een tijdje clean van zelf beschadiging. Bij iedereen verschilt het wat helpt om clean te worden, Wat bij mij hielp? Bij mij hielp het als ik de drang ernaar had ik iets anders ging doen of ik iets in mijn handen pakte. Wat ook hielp was elastiekjes om mijn pols en als ik de drang dan had ging ik met die elastiekjes spelen als het ware.

En de allerbelangrijkste tip die ik iedereen wil meegeven, weet dat jij sterker bent dan je gedachten. Als je iets wilt dan kun je het.

Hier een voorbeeld, als jij een snoepje wilt pakken omdat je er zoveel zin in en je gedachten zeggen dat je het wel moet doen, kun je dat toch ook? Maar draai de rollen

eens om. Je wilt nu ergens van af blijven en dan lukt het ineens niet? Natuurlijk wel alleen hebben je gedachten vaak de overmacht. Juist die macht moet jij zien terug te winnen. Als je nou terug valt? Boeie bij herstellen horen ook stappen terug, Rome is ook niet in 1 dag gebouwd. 5 minuten huilen en doorgaan want stoppen? Dat is geen optie. Overwinnen? Dat is de optie. Als jij alleen maar bij jezelf denkt, Ik kan dit niet dan kan je het ook niet. Als jij je gedachten positief gaat bekijken en tegen jezelf zegt, Ik kan dit dan kun jij het. Dat weet ik zeker. Wat jij nu meemaakt, Ik weet hoe dat voelt. Iets zo graag willen of nou ja de drang hebben maar het ook weer niet willen is een strijd in je hoofd en die strijd is vreselijk. But hey! Kom op, ga met beide voeten op de grond staan en laat jij eens aan de wereld hoe sterk je bent!
Want jij bent zoveel sterker dan je nu eigenlijk denkt.

Soms moet je je gewoon even geen
zorgen maken,niets afvragen en
niet teveel nadenken
Vertrouw er op dat alles weer goed
komt
In moeilijke tijden sta je soms
ineens helemaal alleen
Sommige mensen zullen blijven en
een troostende arm om je heen
slaan
Ook verdriet hoor je te delen
Weglopen doen er al zovelen
Soms zou het echt heel fijn zijn
Als je je gevoel en gedachten even
uit kon zetten
Helaas is dat niet mogelijk
Een uitknop is er niet
Hoe moeilijk het soms ook is
Hou vol
Je faalt alleen als je opgeeft

Michelle
14 Januari 2022

Oma en haar man Henk

In mei was ik een weekend vrij, Mijn oma ging namelijk trouwen met haar nieuwe man. Ik vond het heel bijzonder en heel erg mooi. Mijn opa zijn grootste wens was namelijk dat mijn oma niet eenzaam werd en gewoon weer gelukkig zou worden.

Het was een prachtige bruiloft en het allermooiste was dat mijn moeder op het eindfeest ten huwelijk werd gevraagd door haar vriend. Helaas heb ik dit moment gemist omdat ik buiten een sigaretje aan het roken was. Ik kwam binnenlopen en ik zag mijn moeder, mijn bonusvader en Chris knuffelen, ik snapte niet waarom. Mijn oom zei tegen mij ‘je moeder gaat trouwen’ ‘ja over een paar jaar pas’ was mijn antwoord. Hij vertelde dat ze net ten huwelijk was gevraagd, Ik rende er snel heen en knuffelde maar mee haha!

Na het weekend kwam ik die maandag op het werk. De leiding wilde even met mij praten althans ik ook met hun. Eigenlijk wilde we dus met elkaar praten. Ik wilde namelijk geen koptelefoon dragen omdat ik daar echt niet tegen kon en ik me voor mijn gevoel dan schaamde. Als ik er nu zo aan terug denk hoefde dat eigenlijk niet omdat tenslotte iedereen er eentje droeg. Ik merkte aan mezelf dat ik echt rust nodig had. Ik werkte fulltime in de supermarkt en het bezorgde me veel stress. Ik begon uit mezelf wel steeds minder te werken omdat ik tijd voor mezelf nodig had. Ik gaf dit aan bij de leiding. Toch merkte ik dat ondanks dat ik minder aan het werk was ik toch nog steeds veel stress kreeg van de dagen waarop ik wel aan het werk was. Ook voelde het alsof ik een last was voor de supermarkt, Alsof iedereen gek van me werd en een hekel aan me begon te krijgen. Ik zat veel te piekeren en eigenlijk wilde ik al langere tijd ontslag nemen maar ik wilde de winkel niet in de steek laten. Zo voelde het als ik ontslag zou nemen. Uiteindelijk ben ik heel dankbaar dat de winkel de keuze voor mij heeft gemaakt en in overleg ben ik weggegaan bij de supermarkt. En dat was ook een beetje uit eigen belang ik trok het niet meer en ik moest echt op mezelf passen en dat deed ik niet zo lang ik daar nog werkte. En zo ging ik vlak voor de zomervakantie daar weg

Ik heb de dagen erna veel gehuild, niet omdat ik het werk ging missen maar de leidinggevende waar ik zo'n goede band mee had. Het was gek want het voelde meteen alsof deze band in 1 keer helemaal over was. Het leek alsof het haar niet meer boeide hoe het met me ging of zou gaan. Ze was me gewoon binnen 1 dag volledig vergeten. Ik moet eerlijk zeggen dat ik hier best wel lang boos om ben geweest, ze wist hoe hard ik haar nodig had. Ik ben nu wat ouder en ergens snap ik het wel, Het was natuurlijk niet niks. Ik wil niet eens weten hoe zij zich heeft gevoeld.

Ondanks dat ik haar nog steeds onwijs mis en ik hoop dat ze dat weet, ben ik haar dankbaar.
Dankbaar dat zij het beste in mij naar boven heeft gehaald, dankbaar dat zij dag en nacht voor me klaar stond, dankbaar dat zij mij zelfs heeft geholpen toen ik voor het eerst aan zelf beschadiging had gedaan, dankbaar dat zij me weer wat licht heeft laten zien in mijn donkerste periode en vooral dankbaar voor de persoon die zij is. Er zouden meer mensen zoals zij moeten zijn op deze wereld.

IK HOOP DAT JE WEET DAT IK ECHT BLIJ BEN DAT IK JOU HEB LEREN KENNEN

En daarom zeg ik bij deze.
Dankjewel voor alles wat je voor me hebt gedaan.

Na een week thuis zitten was ik het al zat.

Ik zocht een nieuwe bijbaan, eigenlijk vakantiewerk. Binnen een dag had ik werk, super gek eigenlijk zo snel. Ik ging aan het werk als animatiemedewerker, Ik ben dol op kleine kinderen. Ik heb een neefje nichtje van vier en van twee. Ik ben stapelgek op deze twee. Het zijn mijn neefje en nichtje en eigenlijk ben ik hun achternicht. Toen ik aan mijn neefje vroeg omdat hij nog niet zo lang kon praten 'hoe heet ik' zei hij ineens tegen mij 'tante Chelle'. Als hij dat uit zichzelf zegt voelt dat echt als een eer.
Mijn neefje en nichtje ging ik vaak naartoe nu nog steeds best wel vaak. Die twee waren de enige twee die mij echt even mijn mentale pijn lieten vergeten. Hoe twee van die kleine mensjes als het ware door alleen maar te lachen naar mij ook een lach op mijn gezicht toverde vind ik best bijzonder. Zoals ik net al zei ben ik stapelgek met die twee. Ik ging vaak met ze naar kinderboerderij of naar Monkey Town of gewoon even naar de speeltuin. Ze waren en zijn afleiding, heel veel afleiding voor mij. Daarom leek animatie werk mij ook zo leuk. Ik werd een dag later al gebeld dat ik was aangenomen.

Omdat ik me na de trainingsdagen had aangemeld werd ik gewoon opgeleid op het park. Superleuk!
3 dagen later ging ik al weg, dit betekent dat je intern aan

het werk gaat. Je kreeg daar gewoon accommodatie. Ik ging eerst naar een camping in Apeldoorn, Een week. Het ging supergoed en de persoon die mij op ging leiden zei dat ik heel goed met kinderen overweg kon, Super positief dus. Het waren de laatste 2 dagen op het park in Apeldoorn. Ik was een bingo aan het draaien toen ik gebeld werd. Het was een nummer uit mijn woonplaats. Mijn collega zei 'neem maar op' dus ik nam op, Het was GGZ! Er was eindelijk plek voor mij. Ik vroeg wanneer ik terecht kon en toen bleek dat ze niet gelijk plek hadden voor mij. Ik kon 4 maanden later terecht. Ik maakte direct een afspraak en ik ging verder met de bingo.

De tweede week ging ik 3 weken naar België, naar een camping waar ik al eens was geweest. Ik had er veel zin in en toen ik het weer bekeek in België had ik er nog meer zin in. 30 tot 40 graden! Dit werd top, gelukkig ging het ook wel top. De eerste week, halverwege de week ging een meisje weg omdat ze heimwee had. Mijn andere collega en ik stonden er dus nu samen voor. Vanwege de verwachte gasten hadden we eigenlijk wel echt met zijn 3en moeten staan de tweede week. Die collega die wel bleef, Zijn moeder stond in de buurt op een camping. We moesten echt samen alle activiteiten leiden vanwege de verwachte drukte. Hij vroeg aan mij op een ochtend 'vind je het goed als ik vanmiddag even ga lunchen met mijn moeder?' 'En de middag activiteit dan?' vroeg ik hem. 'Het is een makkelijke activiteit die kan je wel alleen draaien toch?' Oke was mijn antwoord daarop en zo ging hij wat eigenlijk helemaal niet mag onder werktijd even weg. De volgende dag deed hij dit weer en nu was hij zelfs bijna te laat voor theater, Ik zat al 2 dagen alleen avond te eten. Toen dacht ik echt bij mijzelf, Dan ben je al met te weinig en dan ga je ook nog eens steeds van het park af. Maar ja ik kon er weinig tegen zeggen. Elke middag ging hij weg en elke keer moest ik de middag activiteit leiden. Meestal ook nog de avondactiviteit omdat hij daar niet zoveel zin in had.

Op dat moment merkte ik aan mezelf dat ik echt kapot ging, Ik was moe. Heel moe. Het enige wat hij deed was meedraaien met de ochtend activiteit en af en toe een avondactiviteit. Halverwege de tweede week kregen we een meisje erbij. Ze kwam voor een paar dagen helpen omdat we een voorstelling moesten geven die week, Dat zou tenslotte echt niet kunnen met zijn 2en.

We moesten last minute de hele voorstelling voorbereiden, Mijn collega die steeds weg ging deed het licht en geluid. Zelfs toen dit nieuwe meisje er was ging hij nog steeds elke middag weg. Zij vond dit ook gewoon prima. Ik stond nog steeds elke middag de activiteit alleen te draaien.

De dag voor de voorstelling. Ik ging die avond even de was ophalen van voor, dat zat namelijk voor in de wasmachines. Ik was op de fiets maar ik wist niet dat het glad was. Ik had de was opgehaald en ik wou terug naar de caravan fietsen totdat ik ineens iemand heel hard voor mijn fiets zag rennen. Ik schrok en ik gleed weg met mijn fiets, Ik viel op mijn hoofd. Ik lag in een water plas.
Ik was een paar minuten buiten bewustzijn, Dat was wat ik later te horen kreeg. Ik belde mijn collega's, 1 van mijn collega's kwam naar mij toe zodat ik niet alleen terug hoefde te lopen. Ik had een hele blauwe plek in mijn nek en het deed erg veel pijn. Ik vroeg aan mijn collega omdat ik zoveel hoofdpijn had of hij stand-by kon staan voor de voorstelling morgen, ‘nee dat wil ik niet’ was zijn antwoord. Op dat moment voel je je echt zwak. Ik had een blauwe plek in mijn nek en een bult en als hij dan nee zegt voelt dat echt klote. Dat is geen teamspirit vind ik maar goed ik ging op tijd slapen en ik werd 's nachts door mijn collega een keer wakker gemaakt omdat ik best wel hard op mijn hoofd was gevallen. Op dat moment merkte ik echt dat ik kapot ging, Ik was verdrietig en ik begon me mentaal weer slechter te voelen.

Maar goed ik zette door. De derde week kreeg ik twee andere collega’s superleuke meiden ik kon het ook heel erg goed vinden met deze meiden. Op een gegeven moment begon het met mij mentaal echt weer slecht te gaan. We besloten dat in derde week ik een week stopte met werken. Daarna ging ik naar een andere camping. Mijn ouders, mijn oma en haar man zouden deze week, De week dat ik vrij was op de camping komen logeren. Dat betekende dat ik veel leuke dingen met hun kon doen. Heerlijke afleiding was dit. Aan het einde van de week ging ik naar een andere camping en deze camping was echt een hel. De mensen waren gemeen en er kwamen amper kinderen bij de activiteiten, Meestal maar 4 of 5 kinderen. Ik kwam van een heel groot vakantiepark af. Dit was een kleinschalig park dus eerlijk gezegd was het wel even wennen. Toen ik een avondactiviteit moest leiden gingen we tikkertje doen, Ik had een andere activiteit voorbereid maar dit vonden de kinderen niet leuk. Tikkertje was dus wat de kinderen wel graag wilde doen. Een kind sloeg tijdens tikkertje op mijn kont. Hij vond dit heel grappig. Ik sprak deze jongen aan en zei 'bij de volgende keer dat je zoiets doet mag je de activiteit verlaten'. Nog geen 5 minuten later komt er een moeder naar mij toe, Ze begint tegen mij te schreeuwen dat ik een rot kind ben, Dat ik niet met kinderen kan omgaan en dat ik ander werk moet zoeken. Ik probeerde haar rustig uit te leggen dat deze jongen op mijn kont had geslagen. 'Nee hoor dat is een grapje en sowieso zoiets doet mijn zoon niet' was haar antwoord. Op dat moment probeerde ik deze Mevrouw rustig te vragen of we een rustig gesprek konden voeren. ‘Ik ga wel naar je collega’. Ze ging naar mijn collega en vertelde daar een heel ander verhaal. Mijn collega zei dat ze het niet gezien had dus geen oordeel kon hebben. De moeder kwam weer terug bij mij en ze begon verder te schreeuwen. Op dat moment wist ik het zeker, Ik wil naar huis. Ik voelde me al paar weken mentaal klote en ik doe toch niks goed. Ik belde mijn teamleider op en zij is de volgende dag langs gekomen. Ik legde haar alles uit en ze wilde me naar een ander park in Zeeland sturen. Het rare van deze organisatie was dat we zelf het vervoer moesten regelen. Ik gaf aan dat ik hier geen geld meer voor had, Oprecht dat had ik niet. Ik zei dat ik gewoon naar huis wilde gaan. Ze deden daar een beetje moeilijk over. Ze zei dat ze het niet vond kunnen en dat ze wilde dat als ik thuis was, Ik wel gewoon back-up stond voor als ze me nog ergens nodig zouden hebben. Ik zei dat ik dit niet wilde en ik ging de volgende dag naar huis. Mijn moeder kwam me ophalen. Ik was blij, Heel blij dat ik naar huis kon. Ik was het echt zat daar. Ik was blij dat ik thuis was en er viel gelijk een last van mijn schouder. Ik kreeg meteen wat meer rust in mijn hoofd maar dat duurde niet voor lang. Een week later ging het volledig mis.

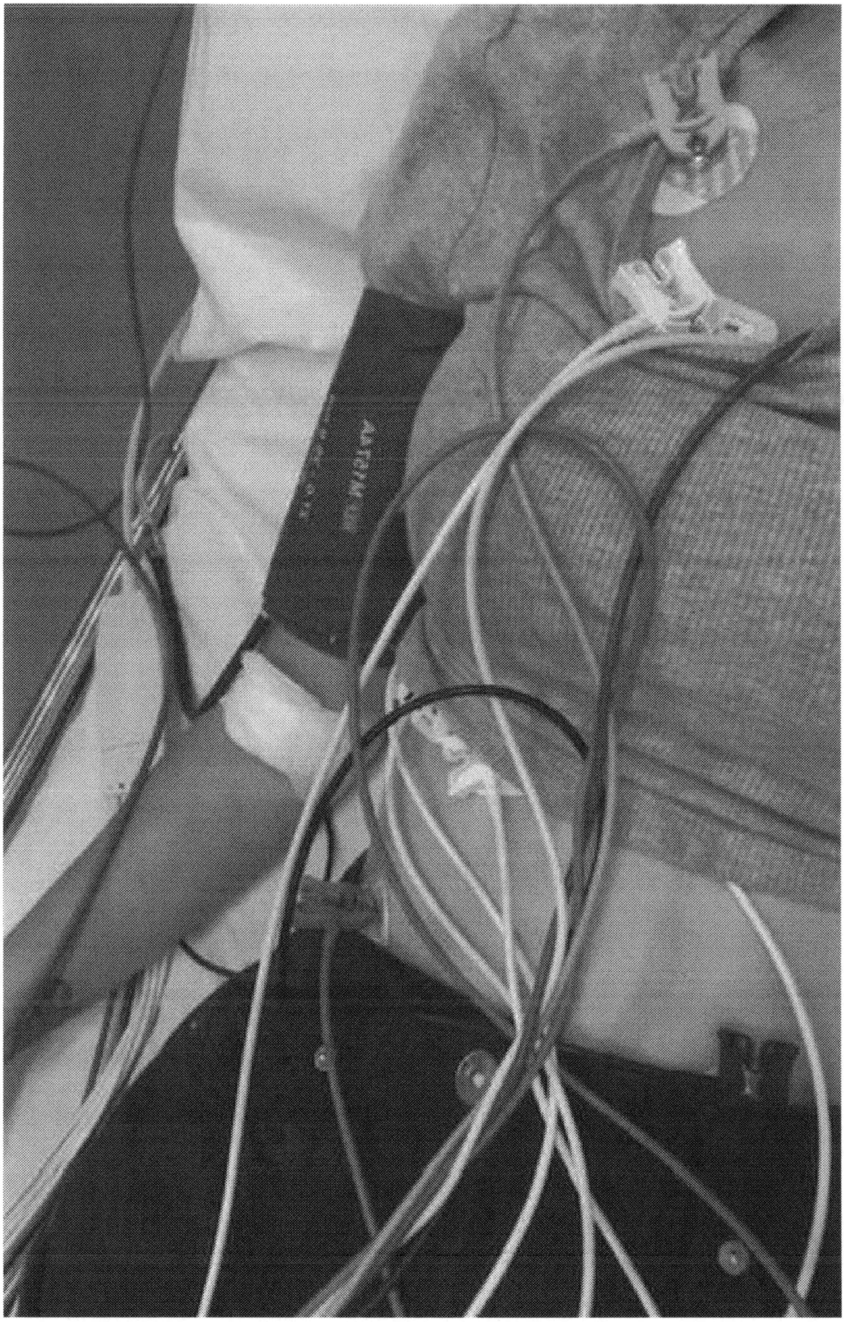

Ik op de spoedeisende hulp

Dit is een datum die ik nooit meer vergeet. Bizar hoe je leven ineens helemaal op de kop kan staan, Het stond al op de kop maar dat het nog erger kon? Dat wist ik niet. 25 augustus 2022. Ik werd 's ochtends wakker En ik voelde me niet zo lekker. Ik heb een beetje rustig aangedaan overdag. Ik moest meerdere keren overgeven. Na het avondeten voelde ik me al een stuk beter. Mijn beste vriendin appte me of ik mee naar de stad ging. Zij was bij haar voetbalclub want ze had een vergadering. Ik voelde me na het eten beter dus ik vond het wel een goed idee. Ik ging op de fiets naar haar toe. Ik moest nog een kwartiertje op haar wachten toen ze er eindelijk aan kwam heb ik haar overgehaald om naar de nieuwe McDonald's te gaan. Zij wilde dit ook wel. Ik wilde mijn fiets pakken maar ineens voelde ik me niet goed. Ik zei dit tegen mijn beste vriendin, Mijn beste vriendin zei tegen mij ‘ga dan even zitten’ ‘neejoh hoeft niet ik wil gaan’ zei ik. Mijn beste vriendin ging ook haar fiets pakken en ineens hoorde ze een klap, Een hele harde klap. Ze dacht dat ik mijn fiets liet vallen maar toen ze zich omdraaide lag ik daar, Op de grond. Een ander meisje had gezien dat ik als een plank achterover viel, Mijn hoofd lag eerst op de grond en toen pas ging mijn lichaam. Na 10 minuten was ik nog niet bijgekomen en werd de ambulance gebeld. In totaal ben ik 30 minuten bewusteloos geweest. Toen ik bij kwam moest ik in de

Ambulance gaan zitten. Ik kon bijna niet lopen en bijna niet praten. Mijn ouders waren ondertussen ook aangekomen bij de voetbalclub. De ambulance zei dat het wel meeviel en ik mee naar huis kon.

Eenmaal thuis aangekomen kon ik nog niet echt praten. Mijn moeder vertrouwde het niet en belde de dokterswacht, Daar konden we een uur later terecht.
Ik kwam gelijk terecht op de spoedeisende hulp. Ik lag daar heel erg lang en om 4:00 uur 's nachts kreeg ik te horen dat ik moest blijven. De volgende ochtend werd ik wakker in het ziekenhuis, Ik wilde uit mijn bed stappen omdat ik naar de wc moest maar op een of andere manier viel ik, Ik viel om. Ik probeerde op te staan maar het lukte niet. Ik drukte op de bel en er kwam een verpleegster. De verpleegster ging een rolstoel halen zodat ik naar de wc kon. In de ochtend had ik een EEG en ook daar moest ik in mijn rolstoel heen.

Later die dag kwam de fysio om te kijken wat er nou eigenlijk aan de hand was. Ik was de hele kracht over mijn benen verloren en ook de controle.
Aan het eind van de middag kwam de neuroloog weer langs. Die vertelde mij dat ik pas naar huis mocht zodra ik weer kon lopen. Ook zou ik nog een CT scan krijgen en werden mijn vitamines geprikt. Ook heb ik een MRI gehad en ja! Ik was eigenlijk best wel bang.

Dat gevoel kan ik echt niet omschrijven en het gekke was dat ik de eerste dag mijn benen niet voelde. De tweede dag voelde ik mijn knieën niet maar mijn benen wel, Dat gevoel vergeet ik gewoon nooit meer. Maar omschrijven kan ik het gewoon niet. Na drie dagen kreeg ik de uitslag van mijn vitamine waardes. Er kwam uit dat ik vitamine B te kort had maar dat zou niet de reden moeten zijn dat ik niet meer kon lopen. Ik heb zes dagen in het ziekenhuis gelegen. Ik lag op de kankerafdeling en dat vond ik echt naar. Het was dezelfde afdeling waar mijn opa ook lag. Ik had niet eens kanker, misschien kan je je dan wel voorstellen hoe ik me voelde toen ik daar lag. Ik kreeg elke dag fysio maar na zes dagen moest ik naar huis. Ze konden namelijk niks vinden. Ze dachten, Ja! ze dachten. Functionele neurologische stoornis, Dit komt vaak voor bij mensen die veel stress hebben. Ze wilden mij eigenlijk in een revalidatiecentrum hebben maar daar was geen plek. Ik moest dus naar huis toe. Dat betekende dat mijn moeder veel voor mij moest zorgen. Ik moest dezelfde middag nog naar huis toe, Ik hield nu namelijk een bed 'bezet'. Mijn moeder had dus maar een paar uur de tijd om een rolstoel te regelen en het thuis helemaal klaar te maken. In het ziekenhuis kon je een rolstoel lenen. De rolstoel die ik nodig had was er op dat moment niet. Die zou pas op vrijdag weer komen. Ik zat dus drie dagen met een rolstoel die alleen mensen konden duwen, ik kon dus geen kant op. Mijn moeder had net nieuw werk dus dit kwam best hard binnen. Mijn moeder wist namelijk dat ik mezelf niet kon redden met deze rolstoel, gelukkig stond de buurvrouw stand-by voor als er echt nood was. Via de tafel en de muur trok ik mezelf vooruit. Zodra mijn moeder weer thuis was uit het werken zorgde ze weer volledig voor me. Als je moeder je moet helpen met douchen, aankleden en uit bed halen op 19-jarige leeftijd dan voel je je echt zwak.

Als mijn moeder een vroege dienst had en ze moest om 7:15 uur beginnen zat ik om 6:30 uur meestal beneden. Zodat mijn moeder wist dat ik gewoon beneden was anders lag ik de hele dag in mijn bed en dat was natuurlijk niet de bedoeling. Vrijdag kreeg ik eindelijk mijn nieuwe rolstoel en zo kon ik mijzelf beter redden. Het ziekenhuis zou zorgen dat ik revalidatie aan huis kreeg maar ook dit was niet goed geregeld. Ik moest dit zelf allemaal nog regelen. Na een aantal dagen kwam de revalidatie aan huis voor een intakegesprek en pas een week later konden we beginnen met revalideren. Toen het eindelijk de dag van de eerste afspraak was kwam die vrouw een half uur te laat. We deden eigenlijk niet zoveel. Ik moest van haar laten zien of ik kon staan terwijl ik tegen haar had gezegd dat ik dat niet kon. Ik probeerde het en ik viel gelijk om. ‘Ga maar weer zitten, we gaan de volgende afspraak meer oefenen’.

Ik in een rolstoel

De volgende revalidatie kwam deze vrouw een uur te laat. We gingen proberen om te staan. Ik viel veel om, Omdat ik geen controle over mijn benen had. De mevrouw kon mij niet eens houden. Uiteindelijk moest mijn moeder bij me staan en mij helpen en stond die mevrouw er wat bij, Toe te kijken. Halverwege de revalidatie zei ze tegen mij ‘oh ja ik ben helemaal vergeten te zeggen dat dit niet wordt vergoed’ dus ik zei ‘wat kost het dan?’ ‘€ 70 per half uur’ was haar antwoord. Toen wist ik het meteen, Het is klaar. Ik heb haar weggestuurd en gezegd dat ik geen revalidatie meer hoefde. Vanaf dat moment stortte mijn wereld in, ik moest het zelf gaan doen. Gelukkig had ik een hele lieve mama die mij door weer en wind gesteund heeft. Elke dag zonder hulp revalideren. Eerst proberen te staan en telkens steeds langer proberen te staan. Het ziekenhuis had gezegd dat het maanden kon duren voordat ik weer kon lopen. In het ziekenhuis was ik het daar al niet mee eens. Toen ik langer kon staan ging ik proberen achter de rollator te lopen, Dit ging niet goed ik viel daarmee om. Ik zette mijn hondje in de rolstoel en ik ging lopen achter de rolstoel. Het ging steeds beter. Mijn moeder die ondersteunde mij. Het ging steeds veel beter. Op een gegeven moment kon ik achter de rolstoel lopen zonder ondersteuning. Na 6 weken ongeveer lukte het lopen achter de rollator. Op een avond zei ik ineens tegen mijn

moeder ‘ik wil proberen op krukken te lopen’. Ik ging het proberen, ik viel best wel vaak maar ik wist dat ik dit kon. Zo kun je zien wat wilskracht met je kan doen. Na de hele avond oefenen ging ik de volgende ochtend mee op krukken naar mijn oma. Nog geen twee weken later zat ik op de bank en zei ik tegen mijn moeder ‘mam ik denk dat ik kan lopen’. ‘Probeer het dan’ zei ze. Ik ging het proberen en ik viel om. Ik wist dat ik het kon en ja hoor het lukte! Ik liep helaas nog wel met kruisende benen maar hé ik liep, ik liep los!! Ik zag de glimlach op mijn moeders gezicht, Echt een prachtig moment. Mijn moeder keek zo trots naar mij en ik was ook zo trots op mezelf. Ik liep gewoon binnen zeven weken alleen!
Twee dagen later liep ik weer helemaal normaal. Ik was gewoon hersteld? Helemaal alleen? Wow. Ik voelde me Zo trots, Zo dapper en niemand die dit nog van me af kon nemen. Het is een gebeurtenis die me altijd gaat bij blijven maar zo kun je dus wel zien wat wilskracht met je kan doen. Als jij denkt dat je iets kunt, Dan kun je het.
Ondertussen gaat het lopen goed. Af en toe heb ik nog wel wat pijn in mijn benen tijdens lange afstanden. Als ik overdag veel gelopen heb, Heb ik ’s avonds wel vaak last van een soort spier/zenuw trekjes maar het is het allemaal waard. Misschien zat ik anders nu nog steeds in een rolstoel. Ik moet er niet aan denken.

Banjer en ik

Ik had een hondje, Banjer. Ik vond enorm veel steun bij hem en gek genoeg behandelde ik hem net als een mens. Hij was zo lief. Hij was soms ook heel erg fel naar ons gezin en buitenstaanders behalve, Naar mij. Hij kon wel eens bijten maar de enige die hij niet beet was mij. Ik kreeg hem in 2010 en ik was meteen beste vrienden met hem. Best gek om beste vrienden te zijn met iemand die echt nog nooit een woord tegen je gezegd heeft. Het mooie was overal waar ik was, Was Banjer ook. Zoals ik al zei ik vond veel steun bij hem, Als ik boven zat en ik was gestrest, geïrriteerd, boos of verdrietig dan kwam Banjer van beneden gewoon naar boven. Dat is echte liefde. Banjer was al een tijdje ziek, Hier kreeg hij medicijnen voor en die sloegen aan maar in november 2022 ging het slechter met hem. En ik weet dat je ooit afscheid moet gaan nemen van je beste maatje maar juist nu ik hem zo hard nodig had, Komt dat wel hard binnen. Dat ik mijn knuffelbeer en mijn kleine maatje voor het leven moest gaan loslaten. Ik had mama gevraagd of ze een datum pas over een week wilde afspreken om hem te laten inslapen. Ik had tijd nodig om afscheid te nemen en nog dingen met hem te kunnen doen. Dingen verwerken werkt soms namelijk gewoon net iets anders in mijn hoofd dan bijvoorbeeld jullie hoofd. Ik heb daar meer tijd voor nodig, Elke avond als ik in bed lag en hij lag naast mij, Ik verwende hem heel erg hij mocht dus gewoon naast mij in bed liggen. Als hij dan zo lag te snurken dat was echt schattig, Maar goed even terug naar het verhaal. Elke avond als ik dan naar hem keek en hij lag naast me moest ik huilen omdat ik gewoon wist dat hij over een paar dagen niet meer naast me lag. Op 15 november voelde ik me niet lekker en gek genoeg Banjer ook niet. Ik had last van migraine, Banjer en ik lagen dus de hele dag samen op mijn bed. Stiekem, Diep van binnen wist ik wel dat ik waarschijnlijk corona had maar ik wist dat als ik ging testen en de test positief zou zijn dat ik niet bij het inslapen mocht zijn. Ik zou hem dan ook niet mee kunnen wegbrengen naar het crematorium. Mijn moeder had mij de keus gegeven wat ik graag wilde dat er zou gebeuren met hem. Ik wilde graag dat hij gecremeerd werd. Dan was hij toch nog een soort van bij mij. 16 november was het moment daar ik herinner het me nog zo goed. Een half uur voordat de dierenarts kwam zat ik de hele tijd met Banjer op mijn schoot. Huilen, knuffelen, kusjes geven, foto's maken. Alles zodat ik geen spijt van dat moment zou krijgen. Banjer zijn hartje stopte binnen 2 minuten. Dat voelde toch wel als een geruststelling. Dat betekende dat het goed was zo. Ik heb nog steeds dagelijks last van het gemis. Je beste maatje na 12,5 jaar loslaten blijft wel heel lang lastig denk ik maar ik weet dat het goed is zo, Het is beter voor hem. Je kan een beestje niet pijn laten leiden.

Iets waar ik het meest trots op ben heb ik bewaard voor het laatst, TikTok.

In 2021 merkte ik dat als ik met mensen over mijn problemen aan het praten was dat mensen het nooit begrepen. Er werd altijd gezegd ‘ach joh het komt wel weer goed’. Mensen begrijpen niet hoe het is als je probeert te vertellen wat er in je hoofd omgaat, Terwijl je het zelf niet eens snapt en je dan zulke antwoorden krijgt dat dat gewoon rot is. Ik wilde het taboe doorbreken. Ik dacht laat ik het gaan delen op TikTok. Ik heb hier lang over na moeten denken. Uit eindelijk heeft mijn beste vriendin heeft me over deze streep heen getrokken. Doodeng, Ik wist dat heel veel mensen meningen over je konden gaan hebben. Aan de andere kant, Kon mij dat ook helemaal niets meer schelen. Mijn eerste video was als ik het goed zeg op een liedje van Meau, ‘Tegen de klippen op’ Mijn lievelingsliedje. Het beschrijft precies mij en vaak geeft het liedje mij ook motivatie. Het is een onwijs mooi nummer. Dit filmpje werd erg goed ontvangen. In 2022 begon ik ‘een stukje dagboek’ te delen wat ik eigenlijk hier in het boek ook heb gedaan, Maar dan met mijn stem in een voice over op TikTok.

Het was een grote stap voor mij maar ik ben erg blij dat ik dit heb gedaan!

Ik vind het aan de ene kant triest om te horen dat mensen zichzelf in mijn filmpjes herkennen. Aan de andere kant vind ik het ook heel erg mooi. Zo weten die mensen tenslotte wel dat ze niet alleen zijn. En zo maak ik verschillende TikToks. Af en toe dus ook blije TikToks. Maar de realiteit hoort er ook bij, Ik ben niet altijd blij. Soms doe ik me sterker voor dan ik eigenlijk ben maar goed. Iedereen zet wel eens een 'masker' op toch? Ik krijg gelukkig weinig haat en als je haat? Dan blokkeer ik je gelijk! Ik heb geen zin in negatieve energie. Ik ben best wel trots op wat ik op dit moment al bereikt heb op TikTok. Zo deelde ik ook een filmpje over mijn revalidatie, Dat filmpje is 1.1 miljoen keer bekeken. Dat is echt bizar, Zet maar eens 1 miljoen mensen bij elkaar. Ik denk dat ik mijn ogen uitkijk door de hoeveelheid mensen dat dat zijn!

Op dit moment heb ik 37.200 volgers. Ik heb vandaag de 37k gehaald, een bizar aantal mensen dat naar mij kijkt. En dat aantal blijft maar groeien. Het begon bij een account van 800 volgers en als ik er zo aan terug denk, Denk ik wauw! Ik ben ik zo enorm gegroeid. En het mooiste vind ik dat mijn Community voor mijn gevoel echt een bijzondere Community is. Het voelt eigenlijk alsof we allemaal familie van elkaar zijn, Terwijl we elkaar eigenlijk allemaal niet kennen. Door TikTok heb ik ook veel vrienden gemaakt. Zo heb ik je Junyda leren kennen of eigenlijk opnieuw leren kennen. Ik zat met haar op de middelbare school en nee, Junyda heeft mij niet gepest haha! Maar zo heb ik ook Joanna, Lisa, Nik, Rachel, Quinten, Mandy, Nikky, Nathalie, Ed, Jim en nog veel meer mensen leren kennen. Maar 1 van de belangrijkste personen is, Alicia. Toen ik Alicia leerde kennen voelde het meteen alsof ik haar al jaren kende. Alicia heeft in hetzelfde schuitje gezeten als ik. We kunnen met elkaar veel praten over het leven, Bijna alles wat ik heb meegemaakt heeft zij ook meegemaakt.

Het is bijzonder dat je zoveel vrienden kan maken op TikTok. Een 'app'.
Ik ben trots op wat ik op dit moment heb bereikt, Hoe ik nu in het leven sta maar toch wil ik nog iets kwijt.

Iets heel belangrijks, Aan een hele belangrijke vrouw.

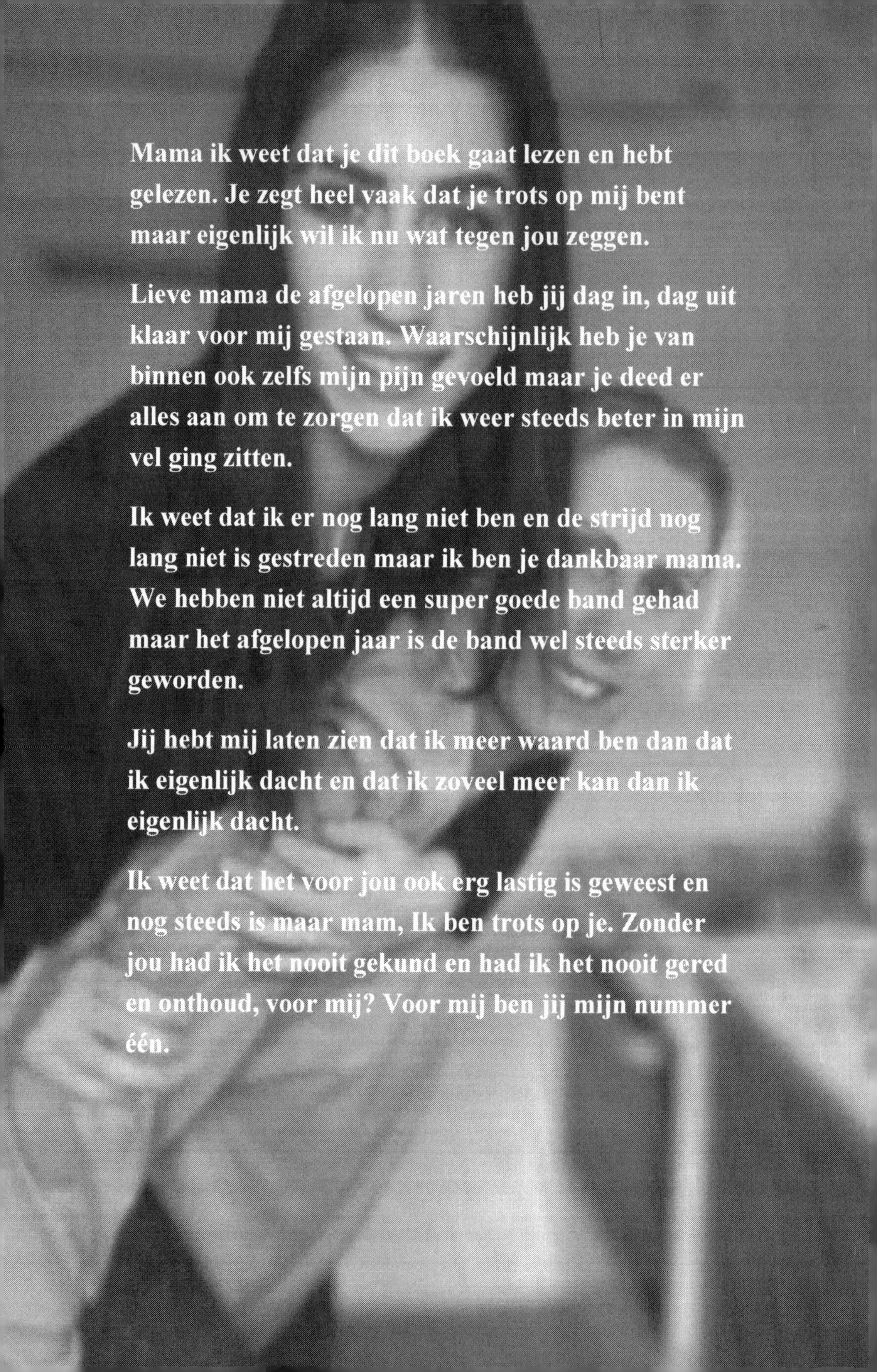

Mama ik weet dat je dit boek gaat lezen en hebt gelezen. Je zegt heel vaak dat je trots op mij bent maar eigenlijk wil ik nu wat tegen jou zeggen.

Lieve mama de afgelopen jaren heb jij dag in, dag uit klaar voor mij gestaan. Waarschijnlijk heb je van binnen ook zelfs mijn pijn gevoeld maar je deed er alles aan om te zorgen dat ik weer steeds beter in mijn vel ging zitten.

Ik weet dat ik er nog lang niet ben en de strijd nog lang niet is gestreden maar ik ben je dankbaar mama. We hebben niet altijd een super goede band gehad maar het afgelopen jaar is de band wel steeds sterker geworden.

Jij hebt mij laten zien dat ik meer waard ben dan dat ik eigenlijk dacht en dat ik zoveel meer kan dan ik eigenlijk dacht.

Ik weet dat het voor jou ook erg lastig is geweest en nog steeds is maar mam, Ik ben trots op je. Zonder jou had ik het nooit gekund en had ik het nooit gered en onthoud, voor mij? Voor mij ben jij mijn nummer één.

Wat ik de afgelopen jaren heb geleerd? Sterk blijven ondanks je denkt dat je niet meer kunt. Opgeven is niet de optie zoals ik al een paar keer in dit boek heb benoemd. Als jij denkt dat je het kan dan kan je het, Jij bent sterker dan je zelf denkt. Je bent moediger dan je zelf denkt, Zolang je maar in jezelf gelooft. Het maakt niet uit hoe je er uit ziet dik, Dun, Heb je een bril, Heb je een beugel? Boeie je bent prachtig. Iedereen is prachtig. Er is niemand zoals jij en dat moet je goed onthouden, Niemand kan ooit jij worden. Hoewel je nu in een donkere tunnel zit en er geen licht lijkt te zijn weet dat aan het einde van een donkere tunnel er echt weer licht komt. Je moet alleen jezelf de tijd gunnen, Je moet je emoties toelaten, Jezelf blijven en vraag hulp! Je kunt niet alles alleen en dat hoeft ook niet. Sterk zijn is ook hulp vragen. Ook ik heb momenten gehad dat ik dacht wat nou als ik er niet meer zou zijn? Zou het iemand wat schelen? Ja! Het zou iemand wat schelen. Er zijn zoveel mensen die van je houden. En geloof me ik weet hoe jij je voelt ook ik heb dit gevoeld. Lieve lezer, ik ben trots op jou, Hoe je het doet en hoe je in het leven staat en geef jezelf de tijd. Liefs mij.

Mijn naam is Michelle Joke en dit is mijn verhaal.

TikTok **MichelleJoke**